Runas

para toda la vida

Omar Ayala

Impreso en Estados Unidos de América

Primera edición, enero 2014

Copyright © 2014 Omar Ayala
Todos los derechos reservados.
All rights reserved.
ISBN: 0991349210
ISBN-13: 978-0991349210

Runas

para toda la vida
Omar Ayala

Sé que colgué
en un árbol mecido por el viento
nueve largas noches
herido con una lanza
y dedicado a Odín,
yo ofrecido a mí mismo,
en aquel árbol del cual nadie
conoce el origen de sus raíces.

No me dieron pan,
ni de beber de un cuerno,
miré hacia lo hondo,
tomé las runas
las tomé entre gritos,
luego me desplomé a la tierra.

Runas

para toda la vida

Omar Ayala

Historia de las Runas

Las runas, en su esencia más sencilla, son un sistema de escritura y fonética utilizado por los antiguos pueblos germánicos en Europa del Norte. Estas, son las regiones que incluyen los países que conocemos en el presente como Islandia, Noruega, Islas Feroe, Suecia, Escocia, Inglaterra, Irlanda, Dinamarca, Alemania, entre otros. En otras palabras, son un alfabeto.

A la palabra "runa" se le atribuyen los significados "misterio", "secreto", "susurro". Su raíz, "run", es la misma en todos los dialectos germánicos antiguos y, probablemente, tiene algo que ver con un sonido vocal, un susurro o un rugido grave y leve. Cada símbolo, tiene

Runas

para toda la vida

Omar Ayala

una idea o un principio atado a él. Muchos de estos principios se basan en etapas de la vida y en estados de la naturaleza observable.

Contrario a mucha documentación antropológica, no es posible precisar con exactitud la antigüedad de las runas o desde cuando fueron creadas y comenzaron a utilizarse. La mayoría de los textos, sin embargo, sí pueden estimar su utilización en la era después de Cristo desde el hallazgo del broche de Meldorf, al cual se le atribuye una antigüedad de aproximadamente 50 años A.C. Existen múltiples publicaciones e investigaciones que rastrean su utilización y su desarrollo como sistema de escritura y cada día que pasa nuevos hallazgos ocurren.

La parte adivinatoria o mística, sin embargo, no viajó hasta el presente de la misma manera que la parte

Runas

para toda la vida

Omar Ayala

estructural o fonética. La parte mística, o de oráculo, ha sido interpretada de antiguos textos relativamente más modernos que la creación de las runas mismas y muchos otros a través de la tradición oral. En este caso nos referimos a la Edda Poética. Esta es una colección de poemas en nórdico antiguo preservados (traducidos) inicialmente en el manuscrito medieval islandés conocido como el Codex Regius. Junto con la Edda prosaica de Snorri Sturluson, la Edda poética es la fuente existente más importante sobre la "mitología" germánica.

Runas

para toda la vida

Omar Ayala

Introducción

Cada evento que llega a tu vida lleva contenido un propósito. Por lo general, siempre queremos conocer inmediatamente cuál es, especialmente si es un evento que consideramos negativo. Sin embargo, el mecanismo por el cual estos propósitos se manifiestan es muy diferente a esto. Estos propósitos buscan desenvolverse y desarrollarse ya que es sólo a través de este mecanismo que podemos sacar un gran aprendizaje. Son eventos que no ocurren al azar y que hasta cierto punto han sido coordinados para que los vivamos.

Esta aseveración se me hace muy real en mi presente. Es ahora que estoy empezando a entender el

Runas

para toda la vida

Omar Ayala

propósito de las runas en mi vida. Son más de 10 años en estudio y práctica a este momento. Es ahora que se me está haciendo claro por qué llegaron, y su propósito se está manifestando como nunca antes.

Las runas son un oráculo con una energía muy poderosa y continúan siendo poco comunes en muchas regiones del mundo. Me considero privilegiado de utilizarlas y de haber vivido la experiencia que quiero comenzar a narrar. Espero que mi historia le sirva de mucho a su camino espiritual, especialmente si como yo estudia y practica lo que considero casi un arte. Reciban de mi parte la bendición de las runas, de modo que esta les lleve a la realización de su propia existencia.

Si no se considera un lector en potencia para nada se preocupe. Este libro comenzó su vida como una historia

Runas
para toda la vida
Omar Ayala

rúnica, pero también terminará siendo un compendio de la vida y sus cosas. Sea cual sea su llamado, estoy más que seguro que también tendrá un gran propósito para usted.

Omar Ayala

Runas

para toda la vida

Omar Ayala

Sueños

Esta historia comienza antes de yo nacer, pero para nuestro interés comenzaremos a narrarla desde el 1997. Para ese año mi vida espiritual estaba luchando por salir y manifestarse. Nací con un profundo sentir espiritual y un don psíquico un tanto agudo para mi comprensión. Ese año, entre lo que estaba por vivir más adelante y los dramas de todo adolescente, me estaba casi volviendo loco.

El psiquismo es una sensibilidad energética aguda. Probablemente hayan escuchado que todo el mundo es psíquico. Eso es cierto; esta es una capacidad que todo el mundo posee. Sin embargo, no existe en la misma

Runas

para toda la vida

Omar Ayala

intensidad en todo el mundo. En algunas personas es extremadamente agudo y en otras es apenas notable, lo cual lo convertiría en una capacidad completamente dormida. En mi caso, esta sensibilidad siempre existió, meridianamente aguda. No entender lo que era incluyendo el hecho de no existir alguien que me lo explicara fueron las razones principales para suprimirla lo mejor que pude a través de los años. Para el 1997 ya se estaba volviendo casi imposible.

El catalizador de todos los eventos fue una mudanza. Mis padres compraron una casa en el norte de Puerto Rico cerca de la costa buscando una mejor educación para mí y mis hermanos (Nota: tengo 14 años de edad en ese momento). Esto a su vez causó que nos encontráramos en un lugar menos poblado, lleno de

Runas

para toda la vida

Omar Ayala

naturaleza, incluyendo la playa, y que adquiriéramos un sentido de libertad que no teníamos viviendo dentro de la metrópolis. Esa casa al día de hoy representa un lugar en donde viví muchas de mis experiencias espirituales más significativas.

Las noches contenían el frío de la costa y eran muy claras y silenciosas. En realidad fue un lugar encantador ya que la expansión metropolitana aún estaba por llegar al área y la comunidad por lo general era local y costera. Es cerca de la costa cuando los sueños acerca de las runas comienzan a manifestarse. Valga aclarar que a este punto de mi vida yo no tengo idea de lo que las runas son. De todas maneras veía los símbolos de lo que más tarde sabría que son las runas en mis sueños en pequeños lapsos, y en especial veía la figura de un hombre colgando de un árbol.

Runas

para toda la vida

Omar Ayala

Esto fue bastante incomodo al principio, ya que me abría la puerta a una capacidad que había querido enterrar. No era la primera vez que veía en sueños algo desconocido así que lo archivé en el espacio de cosas desconocidas y seguí adelante sin prestar mayor importancia. Tengo que aceptar que esto no fue efectivo ya que entre mis sueños continuaban estando presente y ya me estaba dando demasiada curiosidad saber que eran.

Poco tiempo pasó y un buen día me encontré con un tipo de catálogo en mis manos. No sé cómo la revista llegó a mí, pero recuerdo que era relacionada a productos del hogar. Sorpresivamente estaban vendiendo runas allí y mencionaban la palabra *oráculo*. Me quedé atónito mirando y pensando cómo era posible que estuviera eso allí. Mi curiosidad aumentó más y surgió por primera vez

Runas

para toda la vida

Omar Ayala

---

la sensación de que algo me estaba buscando. Pensé en una estrategia de investigación pero el destino me encontró primero.

Otro buen día después de eso me encontraba en un centro comercial que recién había comenzado operaciones. En esta ocasión estaba con mi hermano mayor a quien ya le había contado lo que me estaba pasando. Viendo las nuevas tiendas nos topamos con una carreta en el medio del pasillo. Esta carreta estaba vendiendo artículos tales como incienso, música de meditación, aceites aromáticos, y adivinen que más: runas. Un sentimiento de 'ahora o nunca' me inundó y supe conectar los eventos que me llevaron poco a poco hasta tener mi primer juego de runas en mis manos.

Ese primer juego de runas me costó $45 y lo

Runas

para toda la vida

Omar Ayala

recuerdo perfectamente porque tenía sólo $25 y fue mi hermano quien me dio $20 adicionales. No sé por qué lo hizo. Quizás pensó que de alguna manera contribuía a algún evento importante, o quizás la energía universal lo puso en su corazón. La cuestión es que ese día caminé a mi casa con un nuevo juego de runas hechas en cuarzo rosa y sus símbolos dorados. Ahora me tocaría por fin comenzar a ver lo que eran.

Es interesante la manera en que los sueños se presentaron y, finalmente, el primero juego de runas llega a mis manos. Hoy sé que igualmente le ha pasado a otras personas que practican y estudian el oráculo. Igualmente a las personas que asisten a mis seminarios les comienza a ocurrir lo mismo. Existe evidencia en la literatura sobre esto, y se debe a que la energía del oráculo rúnico, o la

Runas
para toda la vida
Omar Ayala

energía de las runas, no requiere de un maestro o iniciado para incorporarse. Ésta solamente requiere la predisposición del individuo. Igualmente, aunque se enseñe y se emitan certificados de horas completadas de estudio, en realidad es la energía quien inicia y persigue al individuo.

A través de mi carrera como lector y practicante sigo teniendo sueños relacionados. Los utilizo como guía; me dirigen hacia objetivos claros y me enseñan lo que la energía va a manifestar. Esto también es una manera de generar confianza en la energía. Aquel que no tenga nada donde descansar sus lecturas de runas más que en su propia capacidad y educación sobre ellas, la manifestación en sueños de la energía es suficiente para confirmarle.

Runas
para toda la vida
Omar Ayala

Aprendiendo a Caminar

No sabía cómo ser un lector de runas o un consultante psíquico. A este punto de mi vida no tengo idea en lo que me estoy metiendo. Podría decir que hasta tenía miedo, pero sí pudiera mencionar alguna característica que me describe sería lo arriesgado que soy. Estaba dispuesto a aprender en el camino y darle una razón a la llegada del oráculo a mi vida. Además, aun si no supiera manejar mi capacidad la gente que me conocía me trataba diferente; siempre han visto en mi una persona especial, poco común. Esa persona es la única que podía ser, ya que nunca ganaría que me trataran igual que a los demás. Decidí entonces que podía aprender y emprender

Runas

para toda la vida
Omar Ayala

este camino.

Mi nuevo juego de runas trajo unas breves instrucciones. Un sólo papel con significados de los símbolos a un lado y tres lecturas básicas al dorso. Al día de hoy conservo este papel, y con él fue que realicé mis primeras lecturas. Eran las lecturas más básicas que pudiera realizar, primero conmigo y después con mi hermano y hermana. Así, poco a poco, hacía un poco de sentido lo que estaba haciendo. Miraba el símbolo y la posición y leía el papel, nada difícil al momento.

Afortunadamente la familia en que nací es una familia hasta cierto punto atea. Sé que suena gracioso. No digo con esto que sean mejor familia que otras, pero este hecho me ayudó a no traumatizarme tanto con lo que estaba pasando. Años después imaginé haber pasado todo

Runas

para toda la vida

Omar Ayala

lo que he pasado con una familia religiosa cerrada y sé que no hubiera llegado muy lejos. Me hubieran obligado a abandonar todo. Sin embargo, gracias a que cuando expresé que odiaba visitar la iglesia me dejaron continuar mi camino, pude hacer eso mismo, encontrar mi propio camino. Igualmente, cuando ese primer juego de runas cruzó la puerta de mi casa, nadie se extrañó y dejaron que la vida siguiera su curso.

Ese primer juego de runas también residía en el refrigerador del hogar. Tampoco a nadie parecía afectarle. Esto lo hice por recomendación de quien me lo vendió en la carreta del centro comercial aquella tarde. Recuerdo que fue una mujer con un aspecto de gitana con el cabello muy largo, lizo y negro. Decía ella que esto mantendría las runas energéticamente limpias. Más tarde en la vida

Runas

para toda la vida

Omar Ayala

descontinué dicha práctica ya que hay mejores maneras de hacerlo. Ahora sólo los alimentos residen en el refrigerador.

En fin estaba tomando poco a poco los pasos para entender mejor lo que las runas son, pero requería más información y no sabía dónde encontrarla. Tristemente, al momento, no encontré mucha información en internet así que decidí que podría encontrar más en una librería. Varios viajes a diferentes librerías me hicieron comenzar a organizar libros referentes al tema. Esto hizo que mi sed de conocimiento aumentara mucho más. Me estaba sintiendo más seguro cada día, con cada literatura que analizaba. Además comencé a generar una base de datos mucho más grande de los significados de cada símbolo rúnico. A su vez esto causó poder hacer lecturas más abundantes y

Runas

para toda la vida

Omar Ayala

---

amplias. Finalmente el momento llegó de realizar lecturas a mis amigos y salir del círculo familiar.

Runas
para toda la vida
Omar Ayala

El Lector

Salir de leerles a mis hermanos a realizar lecturas a mis amigos (y sus amigos) fue una decisión que cambió mi vida. Nunca sentí que tendría la confianza en mí mismo para realizar esto. Soy una persona introvertida. Me gusta educarme, leer, cambiar al mundo, perseguir mi misión; me considero arriesgado en todo pero sentar una persona extraña y hablarle de su vida, incluyendo lo que no ha compartido con nadie, sonaba aterrador. Mi expectativa de la expectativa de los demás hacia mi trabajo nublaba mi mente. Afortunadamente, el Universo tenía en fila los próximos pasos que tomaría, y los dos primeros eventos que ocurrieron tenían mucho que ver con mi carrera.

Runas
para toda la vida
Omar Ayala

Primero, comenzó el largo proceso de aprender a trabajar con gente. Esto definitivamente es una ciencia. Trabajar con público no es nada fácil. Hay que tomar demasiadas variables en consideración, sobre todo cuando cada persona es un mundo con opiniones, creencias, traumas, aprendizajes, experiencias y otros. En fin, creo que para cualquier labor que requiera trabajar con público se requiere vocación. No creo que sea posible para cualquier persona sencillamente comenzar a atender público por la razón que sea. Es un oficio que requiere gran energía, tiempo y destreza. Al día de hoy continúo aprendiendo mucho más al respecto; es algo que no se detiene.

Siendo trabajar con personas lo más difícil que tenía que sobrellevar, un segundo factor que se presentó

Runas

para toda la vida

Omar Ayala

fue el catalizador para no rendirme en esta nueva etapa: mi don psíquico me rescató. Comencé a realizar estas nuevas lecturas como si fuese un estudioso de las runas. Continuaba usando los libros que adquirí. Esto causó que pudiera bajar el nivel de ansiedad de los consultantes ya que se sentían menos amenazados por un estudioso que por un psíquico, y también exigían menos.

En el Caribe hay mucha simpatía con las artes adivinatorias, especialmente porque la religión yoruba se fusionó con el folklor local. Hay una vibra mística, incluso en las religiones tradicionales. Sin embargo esto ha causado que se creen expectativas falsas de la adivinación, por ejemplo, de cuál información obtener a través de estos métodos y cómo. Ofrecer un servicio gratuito de lectura de runas en una cultura abierta a estas artes no es muy

Runas
para toda la vida
Omar Ayala

recomendable, a menos que solamente se dedique el tiempo a eso. Eso es exactamente lo que hice. Al poco tiempo me encontré abrumado por las solicitudes. Mucho de mi tiempo libre comenzó a estar dedicado a lecturas, y como les mencioné, mi don psíquico me salvó. Me refiero a que detrás de la fachada de proveer una lectura como estudioso, en realidad estaba aportando más del 50% de la lectura de mi don psíquico.

Esto comenzó a ocurrir con mucha naturalidad y la mejor parte es que estaba al servicio de aquellos que habían escogido consultarse con un estudioso, por lo que había descartado ya a aquellos que buscaban un charlatán que les dijera su futuro. Además, también había descartado con esto a los malintencionados. Estos eran algo para los que no estaba preparado. Así comenzó mi

Runas

para toda la vida

Omar Ayala

cartera de clientes. Pasé de los familiares a amigos, cuñados, luego llegué hasta mis tíos, finalmente a mis compañeros de trabajo.

A cada lectura llegaba con mis libros. Comencé a conocer mucha gente extraña según se me salía de las manos las relaciones públicas. En este punto de mi carrera de una cosa no me arrepiento, el haber comenzado las lecturas muy estructuradas casi como un método. Un fenómeno muy interesante estaba pasando con todo esto. Por más aparente éxito que estuviera teniendo, en realidad mi interior gradualmente fue creyendo en la capacidad y la información que las runas revelaban. Comencé a ver la gente ir y venir de la marquesina de mi casa, ya que no tenía donde leer sino era en mi casa o en la de mis consultados, mas no creía internamente completamente

Runas

para toda la vida

Omar Ayala

en la información que estaba dando. Es a través de las mismas experiencias que he tenido con las runas que he ganado seguridad y credibilidad en mis mismas palabras. Estoy seguro que no soy el único. Siempre pienso que si en realidad no estuviese haciendo un buen servicio, si en realidad la gente que se consultaba conmigo no estuviera sacando nada de su consulta, nunca hubiesen vuelto ni me hubiesen recomendado a nadie. En realidad, incluso hoy en día, siempre vuelven y siempre le recomiendan mis servicios a otras personas.

Con el tiempo comencé a ganar habilidad en las lecturas y mucha rapidez. Con la destreza vino la reputación. Comencé a ostentar una reputación de "lector", o psíquico, quizás de lo que me quise escapar en un momento. Me respetaban. Tenía todo tipo de clientes.

Runas

para toda la vida

Omar Ayala

Para mí siempre fue un honor; y la autoeducación continuaba. Cada experiencia energética conllevaba nuevos métodos de hacer cosas y prepararme mejor para la próxima. Es en este momento que supe que en realidad todos los seres humanos están buscando lo mismo.

Las lecturas iban y venían y ante mi preguntar para qué desean consultarse siempre encontraba las mismas respuestas. Las personas estaban siempre buscando información acerca de su salud, dinero y amor, o a cerca de básicamente las mismas situaciones de vida. Me despertó un nuevo profundo sentimiento espiritual este hecho. Me preguntaba cómo era posible que tanta gente junta se pudiera sentir tan separada, pensando que nadie vive lo mismo que ellos. Los mismos héroes y los mismos villanos a través de las mismas situaciones de vida. Hasta

Runas
para toda la vida
Omar Ayala

las mismas lágrimas. Este mundo si algo requiere es unidad. Sería esta la solución a darnos ese amor que tanto buscamos y añoramos y por fin romper con un ciclo de situaciones que ya no aportan nada a nuestra evolución.

Ver esto además me hizo madurar y ubicarme en la vida. Me hacía reflexionar "¿por qué?", y me hacía querer servir más y comenzar a buscar soluciones para todos. La mayoría de estas situaciones ocurren porque existe vacío existencial. En ocasiones ningún problema existía, solamente la necesidad de la persona de dedicarse a lo que vino en esta existencia. Su llegada a una consulta de runas en realidad se trataba de buscar información que su alma requiere para moverse al próximo paso.

Creo que una destreza muy humana que poseo se me calibró mucho en esta etapa. Me considero una

Runas

para toda la vida

Omar Ayala

persona elocuente, o sea, que se escoger mis palabras. La reputación de lector tuvo mucho que ver con esto, de saber expresar el oráculo en palabras, de manera que al consultante la idea exacta le llegara y se sintiera muy bien aconsejado. Me parece que el Universo se tenía esto todo entre las manos desde hace mucho. Hubiese sido imposible ser un buen lector si no supiera hablar. Cada año de servicio ha afinado mi elocuencia y lo enseño hoy como una destreza importante ante cualquier oráculo. No es sólo proveer una lectura, en realidad la gente está buscando sentirse valorizado. Sin querer a través del proceso, también me estaba valorizando a mí mismo y honrando la energía rúnica.

Runas
para toda la vida
Omar Ayala

Universidad

Ya cerca de entrar a mi grado de bachiller en la universidad conocí varias personas que también mostraban afinidad por el trabajo energético. Muchos de ellos, ahora mirando atrás, en realidad no sabían lo que hacían. Sin embargo, fue positivo que me relacionara con personas con intereses similares. Nunca es bueno estar completamente solo. Es durante este periodo en donde intento desarrollarme también en el Tarot. De más está decir que fue un completo desastre y decidí quedarme completamente dedicado a las runas.

Muchas de estas personas se convirtieron en amigos que tuve por muchos años y con ellos viví experiencias

Runas
para toda la vida
Omar Ayala

renovadoras e interesantes que le dieron carácter a mi práctica de runas. El advenimiento de la universidad fue un poco fuerte para mí ya que mi corazón y mi mente racional querían cosas diferentes para mi vida. Terminé matriculado en un grado de tecnología completamente sólo, ya que ninguno de esos amigos estudió en la misma universidad que yo. No me restó más que expandir nuevamente mi mundo y mi práctica.

Ya para este momento estaba realizando lecturas profesionalmente. Me llamaban para consultas vía telefónica y realizaba trabajo energético con la energía rúnica. Ocasionalmente cobraba por las consultas, pero la mayoría continuaban siendo gratuitas. Recuerdo con algún sentido de ironía una amiga que organizaba personas en su casa y luego me hacía llegar. En ocasiones

Runas

para toda la vida

Omar Ayala

me molestaba porque no estaba preparado o el tiempo no era el correcto ya que había, en ocasiones, demasiadas personas esperando. Como supondrán, mis destrezas de trabajar con público están al máximo en este momento. Estos "encuentros" que mi amiga está coordinando son con personas completamente extrañas a mí, y allí estoy hablando de sus vidas.

Esta es mi graduación en muchos aspectos. Ya han pasado algunos años desde que estoy practicando runas y creo que lo he visto todo. Es el momento pico de mi práctica y por lo tanto quiero compartirla con la mayor cantidad de personas posibles. Comencé inmediatamente a ofrecer mis servicios en la universidad. Eso trajo muchas personas a mi círculo pero muchas sólo tenían mi contacto por el beneficio. Logré que se instituyera una

Runas

para toda la vida

Omar Ayala

organización estudiantil dedicada al desarrollo espiritual. Tengo entendido que ha sido la única en su clase en ese plantel y a decir verdad fue cuesta arriba, pero yo quería hacerlo.

La universidad estaba en contra de muchas cosas nuevas, decir que existe espiritualidad sin religión para ellos sonaba absurdo. Imaginen cuando comienzan a ver las actividades con lecturas de runas envueltas. Me convertí en hereje inmediatamente, aunque luego descubrí que existían más profesores abiertos mentalmente a otras ideas espirituales.

Como parte de la organización realicé más lecturas que nunca y aprendí a leer muy rápido ya que en las ferias que se realizaban en ocasiones había hasta fila para consultarse conmigo. Igualmente supe lo que es hacer

Runas
para toda la vida
Omar Ayala

enemigos ya que aquellos en contra de los oráculos se me vinieron encima, por lo menos cordialmente. Me demostré que con diplomacia y elocuencia se puede alcanzar mucho. Igualmente a través de las mismas regulaciones y leyes es que se alcanza la igualdad. A veces pensamos que debemos luchar socialmente por un ideal cuando en realidad debemos siempre tomar la vía científica. Es decir, este mundo está basado en ciencia. Cada estructura está derivada de un saber científico. Para cambiar algo, debemos apoyar la buena ciencia, imparcial y objetiva, y derivar de ella estructuras sociales que apliquen. Yo fui entrevistado como nunca para establecer esa organización. Cada vez que tuve que explicar lo que perseguía la organización y lo que las lecturas de runas son lo realicé con diplomacia y profesionalismo y en muchas

Runas

para toda la vida

Omar Ayala

ocasiones lo expliqué científicamente. Mi meta siempre fue retornar la naturalidad a estos procesos.

Aunque la universidad estaba comenzando, en realidad estaba graduándome en mi filosofía y práctica de runas. Al abrirme al mundo tuve que estructurar mis ideas para poderlas explicar a los demás y esto no siempre resulta sencillo. Conozco muchos practicantes energéticos de todo tipo que no tienen la capacidad de hacer entender lo que hacen, y por tal razón recaen en decir que no saben cómo funciona lo que hacen, solamente que pueden realizarlo. Esto está bien y está mal. Es importante entender que hay una parte de nuestro trabajo que es realizado por la Energía Divina, y aunque algún día tendremos la evolución para entender esa parte, por ahora no nos concierne entrometernos. Nuestra falta de

Runas
para toda la vida
Omar Ayala

capacidad para conocer esa parte sencillamente la arruinaría. Sin embargo, existe otra parte que debemos poder describir, incluso en palabras sencillas. Esta es la parte que realizamos nosotros. Por ejemplo, deberíamos poder describir nuestro oráculo, nuestras sensaciones y capacidades. Estamos en un momento a nivel planetario en donde esto es muy importante y debemos pasar de trabajar ciegamente a trabajar activamente, en pleno conocimiento de la parte que nos concierne teniendo la sabiduría para honrar la parte que no debemos manejar de nuestra práctica.

Como verán, mi práctica de runas se encontró en su cúspide prácticamente unos pocos años después de haber comenzado. En este momento me estoy convenciendo del propósito que tiene para mí y para los demás. Ahora, la

Runas

para toda la vida

Omar Ayala

siguiente parte a donde me llevaría esta historia es la más increíble. De más está decir que cada experiencia de lectura es impresionante y única, y que poco a poco me voy cargando de experiencias, pero nada me prepararía para lo que venía después de ser un experto. Sobre todo, nada me prepararía para aprender mucho más de este trabajo energético sino lo que vendría luego.

Runas
para toda la vida
Omar Ayala

La Era Oscura

La era oscura se avecinaba rápidamente a mi práctica y yo no me daba cuenta. Hay un hecho muy importante que comprender. Este es el por qué esto ocurrió. La energía de las runas es una energía inteligente. No es una herramienta que uso y descarto y que siempre tiene el mismo efecto. Siendo inteligente, ésta logra aparecer cuando se le requiere a manifestarse como debe, no solamente como se le indica, y trae a tu vida los casos que se beneficiarían de ella y que tienes la capacidad para manejar. Sin duda alguna la mucha lectura me ayudó a atender una mayor complejidad de casos, pero nunca me di cuenta hacia dónde me estaba llevando. El comienzo de

Runas

para toda la vida
Omar Ayala

la era oscura llegó a través de casos muy complejos que requerían energías especiales para ser tratados.

Por lo general, cuando realizaba una lectura, se generaba una información y se interpretaba. Luego el consultante y yo ambos continuábamos nuestra vida; a muchos no los volvía a ver. Según los casos iban aumentando en complejidad esta fórmula ya no era tan efectiva. Comenzaron a llegar casos que requerían ayuda adicional que yo no podía proveer. La mayoría de estos casos también requerían seguimiento con más lecturas, por lo que nunca salía de ellos. La consecuencia de todo es que me encontré una vez más con la necesidad de buscar información y buscando la manera de invertir bien mi energía.

Las ferias en la universidad eran largas y se

Runas

para toda la vida

Omar Ayala

generaban tantas lecturas que, si la mayoría fueran estas nuevas "lecturas complejas", no hubiese sido posible continuar y darles seguimiento. Esto mismo fue lo que ocurrió. En ocasiones me tenían que cargar a mi carro. Estaba exhausto. Comencé a tener consecuencias porque me contaminaba energéticamente. Se comenzaron a exacerbar algunas cosas en mi vida que me traían problemas. Tuve varios neumáticos vacíos y la gente que me llamaba era sólo por conseguir una lectura o un seguimiento. De repente todo se tornó horrible y realizar una lectura me llenaba del temor de si podría contaminarme. No podía comprometer mi seguridad ni la de mi equipo así que decidí salirme de todo.

A partir de ese momento comencé a decir varias mentiras. Decía que ya no leía, decía que estaba de

Runas

para toda la vida
Omar Ayala

vacaciones, o decía que no estaba preparado e inventaba alguna excusa energética. Estaba harto, y reconocía que me faltaba información, un eslabón más que tenía que aprender para mi práctica. Dirigí entonces mis esfuerzos al estudio energético. Deduje, que si la situación era contaminación energética, en el mismo panorama energético tendría que existir la solución.

La literatura hablaba de múltiples técnicas de protección pero, en general, la mejor protección recaía en escoger bien los casos y realizar lecturas en un ambiente preparado preferiblemente en la naturaleza. Tristemente nunca le había dado la importancia que se merece este hecho. Además, mi preparación podía ser mucho mejor, de manera que el campo energético fuera el adecuado. Había hasta restricciones de tiempo que podía implantar

Runas
para toda la vida
Omar Ayala

para ser mejor. Redescubrí la literatura que había leído por años y comencé a darle mejor valor.

Implantar nuevas técnicas me hizo perder el temor de dedicarme a esta maravillosa práctica otra vez. Comencé poco a poco a volver a realizar lecturas, esta vez, escogiendo mejor los candidatos. Estaría enfocado en personas que requerían la lectura y evitando aquellos para los cuales era una práctica recreacional y no respetaban la ritualidad de esta. Entendí que cuando una lectura se da, porque el Orden Divino así lo ha determinado, el lector está siempre protegido. Entonces, me di cuenta de a dónde van las personas que en realidad requieren una lectura. Esto es: a las tiendas místicas.

Las tiendas místicas ya tienen un espacio energéticamente preparado. La mayoría de ellas, en la isla

Runas

para toda la vida

Omar Ayala

de Puerto Rico, son muy eclécticas, aceptan los oráculos y los venden preparados. La idea de comenzar a leer en algún establecimiento o tienda se asomaba como la mejor alternativa. Era un paso que no pretendía hacer hasta ese momento pero que dada la seriedad que estaba tomando mi práctica, sería la mejor opción. Me faltaba un poco de investigación así que comencé a explorar varias tiendas.

Dediqué día a día todo mi tiempo libre a documentar las tiendas místicas, buscando afinidad con el lugar y sobre todo que me permitieran realizar mi práctica allí. Inclusive tomé un curso de runas en una de ellas, aunque fuera muy básico para mi nivel. A través de todo hice muy buenas amistades, invertí mucho tiempo bueno, expandí mi conocimiento, pero siempre hubo un factor común, realizaba lecturas gratis en todos esos lugares, pero

Runas

para toda la vida

Omar Ayala

oficialmente nunca fui oficialmente un lector de runas en ninguno de ellos.

Mirando al pasado me sentí un poco traicionado, y sé que es a causa de la expectativa. Por ejemplo, estuve algún tiempo conociendo una tienda mística muy cerca de la universidad. Allí todo el mundo parecía seguir una línea *Wicca*. Interesantemente esta filosofía geocentrista se lleva muy bien con las runas. Cada día que pasaba allí realizaba lecturas de runas. Todo el mundo se consultaba conmigo, incluso el dueño. Aprendí muchos conceptos de manejo de energía y navegué un poco más profundo tratando con personas. Esperaba con ansias el día en que conocería al lector de runas del lugar, ya que supuestamente había alguien con ese puesto. Nunca llegó ese día. Esta persona nunca iba al lugar y la única vez que lo vi fue a distancia,

Runas

para toda la vida

Omar Ayala

un día en que casualmente yo no estaba allí. Sin embargo, cuando le propuse al dueño mi interés de leer en el local, incluyendo el hecho de que quien debía hacerlo nunca estaba, me dijo que no traicionaría a su amigo.

Con este argumento sin fundamento cerré la posibilidad de leer runas profesionalmente en algún local ya establecido. En todos los sitios que fui, y en los que invertí mi tiempo, encontré la gente espiritual con mayores dudas y a pesar de todas las experiencias que pasamos juntos en realidad nunca me tomaron en serio.

Mientras esto pasaba, otra etapa de esta era oscura que describo se desarrollaba paralelamente. Estaba dedicándome poco a poco nuevamente a mi práctica privada. Esta vez estaba lanzándome a los casos complejos y aplicando la nueva información que reaprendí de las

Runas

para toda la vida

Omar Ayala

lecturas. Era la única manera en que podría volver a hacerlo. Hay varias cosas que quiero contar acerca de esto y varias experiencias específicas. Recorrer este último tramo me llevaba al fin de la era oscura de mi práctica y me llevaría al próximo paso, ya convertido en un profesional con más experiencia. Este último tramo estaba cargado de emoción sin duda alguna, y para complicar las cosas también jugaría con mi mente.

Runas

para toda la vida

Omar Ayala

Los Caza-Fantasmas

En ese entonces para atender los nuevos casos formé un equipo. La mayoría eran aficionados del trabajo energético y tenían poca experiencia, pero tenían el mínimo requerido: valor. Lo que vivimos no fue fácil. En fin, el equipo era multidisciplinario, aunque yo era el único que realizaba lecturas de runas. Se les solicitaba que tuvieran una vida espiritual saludable y que separaran tiempo. La idea general era recibir los casos, realizar una lectura de runas, estudiarlos y proveer alternativas.

Para todos estos casos nos movilizábamos, por lo general, a la residencia de la persona. La característica principal fue que ya no se trataba de una lectura

Runas

para toda la vida

Omar Ayala

convencional de runas. Ya no se trataba de salud, dinero y amor. Sino que estas lecturas estaban en realidad bien escalofriantes. La gente estaba buscando alternativas a situaciones de su entorno energético. Estudiamos casos de "casas embrujadas", situaciones con muertos o desencarnados, y contaminaciones energéticas severas o "brujería".

Era la primera vez que estaba viendo estos casos en mi carrera y les diré que no es lo mismo escuchar estas historias que en realidad atenderlas. En una ocasión nos contactó una mujer del este de la isla. Estaba estancada en su vida y no sabía qué hacer ni dónde dirigirse y todo porque su pareja la habían asesinado. Había comenzado a usar drogas, tenía temor de salir de su casa, no comía bien y había perdido mucho peso, en fin, su vida se estaba

Runas

para toda la vida

Omar Ayala

desmoronando poco a poco.

Afortunadamente, estaba muy abierta a ser aconsejada y tomar los pasos que tuviera que tomar. Llegamos a su casa de noche ya que fue el único tiempo que teníamos disponible, más el tiempo que nos tomó llegar. Recuerdo que la casa tenía un pequeño balcón en frente con acceso a través de una reja negra. Comencé la lectura lo más rápido que pude para no perder tiempo después de configurar las debidas protecciones y mejores prácticas. Inmediatamente una sensación extraña me inundó; algo de otro mundo se avecinaba.

Fue una lectura muy buena y detallada, además de ser una lectura larga. Cada parte de la lectura que requería la mujer para salir adelante se le estaba presentando. Fue algo que parecía estar coordinado por el Universo, y yo

Runas
para toda la vida
Omar Ayala

estaba poniendo el cien por ciento de mi capacidad. Finalmente el momento de indagar acerca de la muerte de su pareja llegó. Comencé a sacar las runas una a una del bolso cuando de repente sentí una brisa fría que venía de la entrada. Cuando miré, la sensación de que alguien venía se sentía y la puerta se movió ligeramente. La imagen fantasmagórica de un hombre se sostenía en el portón de la entrada. No tuve otra alternativa que describir el hombre a la mujer consultante, quien confirmó inmediatamente que ese sin duda alguna era el alma desencarnada de su pareja.

Flui con el proceso lo más que pude, aunque estaba haciendo camino al andar. Había tenido muchos encuentros con desencarnados anteriormente, pero el que se presentara uno en una lectura y trajera información de

Runas

para toda la vida

Omar Ayala

los hechos era casi la primera vez. Afortunadamente todo se dio en un ambiente de paz, e incluí la información del desencarnado a la información de la lectura. La mujer lloró en un acto de liberación y todos salimos felices del evento. Meses después volví a verla y estaba mucho mejor. Había recobrado peso y se veía más saludable. Me dijo que estaba aplicando todo lo que aprendió, especialmente a dejar que el desencarnado continuara hacia la luz; hacia su proceso.

Un evento un tanto similar nos ocurrió en un pueblo más cercano. Otra mujer contactó al equipo para que revisáramos su casa. Cosas muy extrañas ocurrían aparentemente en ella y le habían dado la confidencia de que un espíritu iracundo habitaba la misma negándose a marcharse. Hasta el día de hoy esta experiencia es una de

Runas
para toda la vida
Omar Ayala

las más fuertes que viví. Cada vez que tengo que contarla siempre digo que ya sé de dónde saca el cine sus ideas. Todas son reales.

Llegamos a la casa también de noche. Desde que me bajé del auto vi y sentí la presencia del desencarnado. Esta energía no contenía nada de paz. Estaba muy molesta y aun presentaba la vestimenta del día de su muerte. Aun así no lo sentí acercarse sino que se mantenía en los predios del hogar. Continuamos hacia adentro donde la anfitriona nos llevó a un salón de estar donde su familia mantenía sillones y un televisor. Curiosamente, a diferencia de los demás espacios de la casa, este cuarto parecía ser el más pequeño.

Aquí sí que tuve que practicar lo aprendido en términos de protección y generar una lectura efectiva. Para

Runas

para toda la vida

Omar Ayala

ser honesto, tenía mucho miedo ese día. Al cabo de algunos diez minutos el ambiente en general del cuarto se sentía deprimente. Todos nos mirábamos al experimentar el cambio a un panorama misterioso y paranormal. No sabía qué hacer; si continuaba hablando e interpretando la lectura el ambiente se ponía peor, si me detenía el salón retornaba poco a poco a una normalidad. Me tomé los siguientes minutos para probar este hecho y en efecto continuaba.

De alguna manera parecía que el misterio era inteligente y se estaba molestando conmigo, ya que al cabo de estar jugando callando por unos minutos y volviendo a hablar los próximos, el ambiente escalofriante volvía a ser peor. Recuerdo siempre estar pensando "esto es como en el cine", y me lo repetía en la mente. Recordaba todas las

Runas

para toda la vida

Omar Ayala

películas de horror que había visto. Las luces comenzaban a parpadear. La televisión en otro cuarto se escuchaba cortarse. La temperatura bajó significativamente. Se escucharon algunos ruidos de los cuales no se podía determinar procedencia.

Decidí seguir leyendo y dejar el juego ya que se estaba tornando muy incómoda la sesión. Para sorpresa y horror de todos mientras continuaba realizando la lectura sin callarme las luces parpadearon incesantemente hasta que se apagó la casa completa y la electricidad se fue. Cuando se encendió la habitación en donde estábamos otra vez, pude ver como todos nos quedamos inmóviles alrededor de las runas. De alguna manera sentimos que nos protegieron.

Después de esto no tuve más nada que decir. Le dije

Runas

para toda la vida
Omar Ayala

a la mujer consultante la historia de ese desencarnado iracundo en su casa. Le hice mis recomendaciones y nos marchamos. Al día de hoy aun me da escalofríos hacer esta historia. Hay otras que viví en esta etapa de mi práctica de runas. Todas, sin duda alguna, forman parte de la sección más importante de este aprendizaje. Al cabo de un tiempo viviéndolas, me di cuenta que había estado siendo preparado para desarrollar mis dones, y que estos serían quieres guiarían el camino de ese momento en adelante.

Nunca estuvimos en peligro real. Esta es una realidad a la que quienes han vivido estas cosas tienen que llegar eventualmente. Fue parte importante del trabajo energético y de la experiencia que debíamos vivir. A decir verdad, una pieza muy importante en mi formación.

Runas
para toda la vida
Omar Ayala

Formación

Las runas te van dando poco a poco el siguiente nivel hasta que te hagas un maestro. Aquel que tiene pasión por su oráculo pone su energía y su atención en el proceso y acepta las lecciones dadas. Ya adentrado en esta última etapa con las runas estoy atendiendo casos altamente complejos, estoy invirtiendo mucho tiempo y energía, y estoy aprendiendo muchas cosas más acerca del trabajo energético. En fin, mi práctica afinó la lectura del oráculo, me impulsó a desarrollar el psiquismo y a entenderlo mejor, y me obligó a tener otras destrezas y disciplinas para poder realizar un trabajo efectivo.

Muchas veces la gente piensa que quiere desarrollar

Runas

para toda la vida

Omar Ayala

una serie de dones, pero idealiza el camino y el resultado. Diferentes personas me han dicho a menudo que su meta es desarrollar el psiquismo, pero al preguntarles lo que el psiquismo es, siempre recibo una respuesta disparatada. La mayoría de las personas creen que el psíquico debe saber lo que todo el mundo piensa todo el tiempo más detalles específicos de todas las cosas que se le consulten. Además piensan que el don trae un interruptor que la persona puede encender y apagar como guste para el entretenimiento de todos y el suyo mismo. En realidad, los dones no son un juego, no siguen las reglas de "perfección" generalmente aceptadas, y para lo menos que deberían usarse es para lucir cirquero. Los dones tienen vida, y su meta es coexistir contigo, desarrollarse mientras te desarrollan a ti. Además, hay múltiples pasos que se

Runas
para toda la vida
Omar Ayala

deben tomar para comenzar esta relación y desarrollo. Muchos de ellos los decidimos nosotros, como la constante educación y la experimentación, pero la mayoría de los pasos los decidirá el don y no nos resta más que fluir con el proceso. Un don es una responsabilidad para dar servicio, no nuestra idea de lo que queremos que sea.

Siempre digo que un oráculo, como las runas, es perfecto para desarrollar cualquier don en el futuro, ya sea uno de índole energética así como aquellos de tu personalidad e inteligencia, como la dicción o la paciencia. Soy el perfecto ejemplo para comentar esta aseveración porque lo he vivido. Muchas personas se me acercan y me dicen que creen que he tenido una predisposición y una misión con este trabajo energético. Aunque yo mismo estoy seguro que es así, nada sustituye las experiencias que

Runas
para toda la vida
Omar Ayala

me lancé a vivir con las runas, el tiempo que he dedicado a estudiarlas y usarlas, las experiencias ayudando a otros, y el trabajo energético en general. Es decir, si existía una predisposición a este destino no era más que una mera semilla que sin el cuidado y elementos requeridos se hubiera quedado sin germinar.

Mirando atrás y contando historias de experiencias vividas sé que no cambiaría nada, sin importar si las considero negativas o positivas. Estuve pasando por los pasos importantes de mi formación; de lo que la Energía Divina deseaba para esta práctica. Cada cosa trajo un elemento importante que aun puedo usar hoy en mi práctica y esto es muy importante. Sin que la energía rúnica te lleve a través de etapas, no sería posible atender personas para quienes puedes hacer la diferencia en su

Runas

para toda la vida

Omar Ayala

evolución. Consultar un oráculo está relacionado con tu evolución espiritual. Siempre se está buscando ampliar la información usualmente para toma de decisiones. Las palabras del lector son sagradas y deben ser escogidas y ensambladas propiamente ya que quien las recibe las requiere más que a nada.

Ahora ya mi formación estaba completa y fue gracias a la propia energía del oráculo. Con el tiempo el equipo "caza fantasmas" se desbandó. Ya cada quien había sacado su crecimiento y su aprendizaje y fue positivo para todos. Encontré la fuerza para continuar sólo y enfrentar los casos más complejos sólo. La siguiente parte de mi vida la pasaría utilizando lo que aprendí para el bien de los demás y para el mío propio. Sin embargo, este no era un final o el momento en donde estaría sintiéndome mejor

Runas

para toda la vida
Omar Ayala

conmigo mismo.

Runas
para toda la vida
Omar Ayala

Tormenta

Las runas han sido mi mayor ayuda a través de la vida para sobrellevar todo. De hecho, gracias a ellas lo logré, por llenarme de curiosidad y propósito. En muchos momentos a través del trayecto, para mí era más importante ayudar a otro que trabajar con mis aprendizajes y situaciones de vida. Esto todo ocurrió porque nací en un lugar donde no podrían entender quién soy. Nunca tuve a quien recurrir. Recuerdo cuando era niño, solía pensar que todo el mundo veía y escuchaba lo mismo que yo. Podía describir muy bien muchas cosas del mundo espiritual y podía procesar decisiones de adultos. Mis padres siempre estaban preguntándose

Runas
para toda la vida
Omar Ayala

porque lo hacía.

Esta lucha continuó por siempre, y formó una pequeña guerra interna. De repente en los mejores momentos de mi práctica sentía la necesidad de dejarlo todo y no volver. Me di cuenta que siempre estuve buscando esa aceptación que no tuve. A través de las lecturas recibía un gran calor humano y admiración. Me nutría de estos eventos que lamentablemente eran temporales. La mayoría de las lecturas producían personas que me buscaban por mis dones y por el beneficio. No es malo esto, pero ciertamente esperé más de ellos. Hoy sé que esto no necesariamente es así. Ya no espero más que dar un servicio de amor y que el acto también sea dado en amor y bien perfecto.

Algunas personas creen que nacer con dones muy

Runas

para toda la vida

Omar Ayala

activados es un paseo y que cualquiera puede trabajarlo. Esto es cierto solamente si se tiene la dicha de nacer en un seno familiar con los elementos "perfectos". Una familia que comprende y enseña una verdadera espiritualidad y pudiera respaldar mis emociones creciendo así. La realidad es que la mayoría de los casos nacemos en lugares en donde se requiere la luz y nos toca devolverla. Es esa misma luz quien se hace presente de momento a momento en nuestras vidas como para que no perdamos el paso. Viajamos de un punto de luz a otro, buscando siempre estar bañados en esa luz. Mientras caminamos, usualmente lo que sentimos es un vacío que debemos llenar, y tenemos las mismas interrogantes de la vida que todo el mundo, y la misma idea de búsqueda de felicidad.

Siempre es como navegar a través de una tormenta.

Runas

para toda la vida

Omar Ayala

Es un baile entre la cordura y nuestra anomalía de vida, muchas veces sin realmente conocer en cual realidad vivimos. La mayoría de las personas, en este momento, no pueden ver la vida como nosotros, los psíquicos, así que finalmente aceptamos explicarnos en palabras muy simples, por lo general perdiendo todo el sentido de nuestras palabras. Nos ocurre lo mismo en las relaciones de pareja, en las relaciones laborales, y en las amistades. Siempre somos esa persona "rara" que conocen, con temas que conversarían sólo una vez al año con cualquiera otro.

Después de todas estas etapas y el equipo haber completado su misión al desbandarse, quedé una vez más completamente sólo. Decidí dedicarme un poco a la vida humana. También había cosas que debía atender. Mirando atrás, ya le había dedicado años al aprendizaje de

Runas

para toda la vida

Omar Ayala

las runas. La energía me había llevado a través de tanto, se había entremezclado con mis propias situaciones de vida. Después de todo, solamente una cosa me restaba por hacer: enseñar.

Runas

para toda la vida

Omar Ayala

Hiato

Continuó la vida, ahora con nuevas herramientas, sin mucho mayor cambio. Había tenido un adiestramiento por parte de la energía rúnica por tanto tiempo; me sorprendió que de repente me hubieran dejado tranquilo. No significó esto que dejé de tener experiencias, pero en efecto pude disminuir la frecuencia de las lecturas. Resolví con poner un juego de runas en cada lugar que visitaba a diario. Ya de esta manera ninguna lectura me sorprendería y me lancé al mundo.

Terminé un bachillerato en ciencias en computadoras y comencé a trabajar casi inmediatamente en eso. El mundo corporativo había llegado a mi vida. Se

Runas

para toda la vida
Omar Ayala

me hizo muy difícil adaptarme y hasta el sol de hoy lo detesto. Inevitablemente comencé a realizar lecturas en el ambiente corporativo. Donde quiera que trabajaba mis compañeros de trabajo se enteraban de mi práctica, y la mayoría siempre solicitaba una lectura. Tristemente es virtualmente imposible realizar una lectura en este tipo de ambientes, lo que entonces me llevaba a realizar lecturas fuera del trabajo.

Me comencé a sentir como Clark Kent, viviendo libremente fuera de su trabajo siendo un superhéroe, y actuando miserablemente cuando no está usando sus dones. Una línea, primero fina y más gruesa con el pasar del tiempo, entre mi ser y una vida falsa se concretaba. El único refugio era aquel que me brindaba realizar una lectura o utilizar mis dones para investigar algún caso.

Runas
para toda la vida
Omar Ayala

Decidí irme de Puerto Rico con el tiempo debido a esto. Ya no aguantaba el sentimiento de querer hacer mucho más con mi práctica que lo que había hecho y verme tan local me hizo sentir inservible.

En este momento ya estamos en el 2007, han pasado exactamente 10 años desde que comencé. Sin embargo no me fui. Ese mismo año me reencontré con la siguiente parte del camino a recorrer. Comencé a verme con una antigua maestra espiritual. Es una persona que conocí más o menos al mismo tiempo que conocí a las runas. Esto significó abordar otras áreas de mi desarrollo que no había tocado aun, y me envolví profundamente con el proceso. La vida sólo puede entenderse mirando hacia atrás. Irónicamente lo que conlleva una lectura en su mayoría son personas que quieren ver lo que hay más

Runas

para toda la vida

Omar Ayala

adelante.

Runas
para toda la vida
Omar Ayala

Maestro e Instructor

De los oráculos no existe jerarquía. En el Reiki, por ejemplo, un maestro iniciado puede iniciar estudiantes y llevarlos a través de las mismas etapas o pasos que él o ella pasó. Esto lo hará con un sistema estructurado que a su vez su maestro le enseñó. En los oráculos no existe esto. Cada quien aprende a su paso y a su manera, y sobre todo como la energía quiera que el estudiante aprenda. La estructura, sin embargo, en ocasiones hace falta para los asuntos humanos. La estructura social de vida humana confiaría en un maestro practicante más que en un aficionado. Inconscientemente busqué esta estructura a través de mi tiempo como practicante. Esa fue la razón

Runas

para toda la vida

Omar Ayala

principal de visitar tiendas místicas y promocionar mi práctica.

Otro problema que trae la falta de estructura o jerarquía es que la gente no puede estimar tu destreza hasta que se consulta contigo. En un ejemplo muy mundano, si alguien busca trabajo ostentando un grado doctoral en administración, por la naturaleza de la jerarquía, cualquiera asume que este tiene mayor destreza adquirida que aquel que sólo ostenta un grado de bachiller. En numerosas ocasiones personas que se consultaron conmigo estaban muy preocupadas con mi nivel de destreza y manejo del oráculo, y podían describir experiencias en donde se consultaron con una persona que no proveyó una experiencia satisfactoria. Tristemente, no existe una forma de determinar esto, debido a la falta

Runas

para toda la vida

Omar Ayala

de estructura.

Nadie te inicia en un oráculo. Por lo general, los lectores se iniciaron a sí mismos debido a una inquietud, como fue mi caso. Asimismo cada quien se autocalifica. Después de todo, ¿quién podría hacerlo sino el mismo practicante? Comprendí con el tiempo que debido a esto solamente se puede recibir guía de la energía rúnica misma. En mi caso, a través de los sueños siempre he sido guiado por esta energía, y es a través de los sueños que siento que he sido declarado un maestro de ella. Al menos en dos ocasiones diferentes me entregaban un juego de runas y me indicaban que ya era un maestro.

Habiendo podido encontrar prácticamente a nadie con una práctica de runas activa en la isla, comencé a sentirme con la responsabilidad de enseñar y despertar el

Runas

para toda la vida

Omar Ayala

llamado de algún otro lector en potencia. Esto, sin embargo, aún no se materializaba. Mirando atrás sé que se debía a la serie de etapas que debían concluir antes que eso. Cinco años más pasarían antes de ofrecer mi primera clase como instructor. Fue mi maestra espiritual quien me ayudaría a comenzar a realizarlo. Para el momento en que llegó, finalmente me sentía completamente preparado. En julio 31 de 2012 comenzó mi primer taller básico de runas. Para mi sorpresa, asistieron algunas 25 personas.

Esta nueva etapa me consagra como instructor y maestro del oráculo. La primera vez que tomé la tarima y el micrófono, sentí el peso de toda mi historia rúnica dándome un espaldarazo cósmico. Sin importar el nivel evolutivo, no hay nada mejor como saber y sentir que algo valió la pena. El tiempo nunca debe pasar en vano.

Runas
para toda la vida
Omar Ayala

Además, siempre he sentido un gran llamado por la instrucción. En todas las lecturas psíquicas que me han hecho siempre la instrucción ostenta un lugar favorable en mi porvenir evolutivo. Me encanta hacerlo y sé que puedo. De otra manera mejor hubiera sido no tener experiencia en las runas.

Convertirme en instructor me dio la oportunidad de organizar mi práctica de manera que pudiera contar las historias correctamente a mis estudiantes. Muchas cosas están tan atrás en el tiempo que fue importante meditar y recuperar experiencias de mi memoria. Tuve que volver a leer mucha vieja literatura y libros, así como volver a los oráculos y organizar un currículo. Al momento de escribir este libro, ya he completado el segundo curso básico de runas y estoy preparando el currículo para un curso

Runas

para toda la vida

Omar Ayala

avanzado. Mi meta definitivamente es interesar a lectores en potencia a convertirse en maestros de esta maravillosa práctica, y con esto pulir aún más mis destrezas.

Runas

para toda la vida

Omar Ayala

Lo que he Visto

Quiero invitarte a que te conviertas en un lector. Escribo esto porque sé que puedes hacerlo, sin importar si tienes una predisposición o don. Ni siquiera tienes que ser psíquico para empezar. Solamente requieres una mente abierta, un corazón puro dispuesto a servir con amor sin juzgar a los demás. De aquí en adelante quiero introducirte un poco a lo que hago ahora y todo lo que se puede ganar cuando comienzas a hacerlo. Esto es lo que he visto.

Hoy día, cualquier persona puede convertirse en lector de runas, especialmente aquellos que tienen un llamado a hacerlo. Pero, ¿por qué leer? ¿Qué beneficios

Runas

para toda la vida

Omar Ayala

trae a tu evolución? ¿A tu desarrollo personal? Hay muchos beneficios aun si lo que buscas es una práctica personal. Todos, definitivamente apoyan una mejor evolución y una mayor comprensión de las situaciones que enfrentamos en la vida y se convierten en cualidades para un mejor ser humano. Mucha gente ve los oráculos como un evento aislado que se realiza o se busca oportunamente y no ven que puede ser parte de un estilo de vida que apoya al despertar de la consciencia; no ven que un oráculo puede ser la puerta a muchas positivas para su vida.

En la Creación el fin justifica los medios. Si alguien le dice lo contrario le está mintiendo. La evidencia es abrumadora en la naturaleza y en la vida humana. Esa es la razón por la que existen en la Tierra tantos caminos

Runas

para toda la vida
Omar Ayala

para espiritualizarse. Si bien sabía la Creación que el ser humano siempre piensa en realizar las cosas por sí mismo, buscando su camino, así mismo le envolvió los mismos resultados detrás de diferentes nombres y diferentes métodos, para hacerle creer que en realidad está haciendo algo diferente. Créame que cada camino desemboca en la misma espiritualidad. Para los que ya conocimos y aceptamos esta realidad, las verdades y los caminos se convierten en mecanismos que podemos utilizar e incorporar, como un menú en un restaurante.

Enfoque.

Para aquellos que luchan por poder retener su atención en un sólo lugar o grupo de cosas sin que la mente divague, el manejo de un oráculo como las runas puede ser muy beneficioso. Los oráculos, aunque

Runas
para toda la vida
Omar Ayala

pretenden buscar información de fuentes inmateriales acerca de cosas que no conocemos, tienen un cupo limitado para obtener y presentar esta información. El hecho de que hay un número específico de símbolos en un oráculo es evidencia de esto. Abundar en la información de la consulta conlleva nuevamente interpretar más símbolos del oráculo. Esto lo que causa es que el lector no puede divagar su atención en asuntos que no se están presentando, sino que presenta una metodología de interpretar y prestar atención en lo que el oráculo muestra a través de cada intervención.

Como todo, esto es un proceso, pero lo he visto. He visto personas que comenzaban diez temas y no terminaban ninguno ya que su mente no tenía límite de enfoque. Mejoraron significativamente a través del manejo

Runas

para toda la vida

Omar Ayala

---

del oráculo de las runas. Es curioso además, ya que aprendiendo a leer runas se aprende que la vida no tiene una estructura lineal, y es precisamente esa presumida linealidad la que ayuda a recuperar el enfoque mental.

Seguridad.

Tener seguridad como persona depende de varios elementos, siendo el mayor de estos la crianza y formación de una persona. Es muy difícil ganar esta seguridad una vez ya se es un adulto, pero es posible. En mi opinión, es un valor indispensable estos días. Afortunadamente también se puede adquirir gran parte de esta seguridad con el manejo de las runas. Yo soy el primer ejemplo de que esto es así.

Siendo el menor de 3 hermanos, siempre luché por hacerme escuchar y obtener atención. Mis hermanos

Runas

para toda la vida

Omar Ayala

mayores, además, nunca fueron muy independientes. Requiriendo mucha asistencia de mis padres, no había mucho para mí. Mi seguridad en mí mismo para el momento en donde alcancé la adolescencia, estaba muy afectada, se podría decir que inexistente. Siempre me costó hablar en público o hablarle a un extraño. Siempre me pregunté que hubiera sido de mi vida si aun naciendo con estas capacidades hubiera tenido una gran capacidad extrovertida y un apoyo incondicional. No hubiese tenido que romper con estos estereotipos ni reemplazado viejos paradigmas.

    Yo fui quien lo pensaba dos veces para hablar en el salón de clases, y en muchas ocasiones me quedaba de último porque no encontraba como pararme a completar la tarea. La idea de creer en mí mismo nunca cruzaba mi

Runas

para toda la vida

Omar Ayala

mente y me costó años comprender que esto se debe a múltiples elementos. Sin embargo aquí estoy hablando con perfectos extraños las interioridades de su vida y los secretos suyos que nadie conoce. Puedo dar entera fe que el manejo de las runas pudo crear esta destreza en mí donde definitivamente no la había.

Tener seguridad en ti mismo es esencial para manejar las runas. En muchas ocasiones los consultantes intentan ocultar información de la que el oráculo pretende a toda costa informar, o en ocasiones nos toca decir que una cosa es de una manera o de otra cuando el consultante no cree que sea así. Una vez más les digo, somos la voz del oráculo. Lo que se presenta a través de los símbolos es nuestra responsabilidad para exponer. Lo que sale allí es lo que es, y toma sin duda alguna mucha

Runas

para toda la vida

Omar Ayala

seguridad como lector para decirlo tal cual es.

Intuición.

La intuición y yo tenemos una historia interesante. A través de mucha literatura esotérica y mística se describen una cantidad de dones que podemos desarrollar, por ejemplo, don de sanidad, clarividencia, psiquismo, etcétera. La intuición se perfila como parte de todo don. Sin embargo, existe desacuerdo en cuanto a si la intuición puede figurar sola como un don independiente. Mientras la evidencia circula de ambas partes del argumento en la literatura, yo me veo inclinado más bien forzado a creer que puede funcionar como un don independiente.

A través de mi carrera he encontrado personas que no presentan ningún don espiritual desarrollado, pero sí

Runas

para toda la vida

Omar Ayala

un crecimiento anormal, hasta cierto grado, de su intuición, al punto que pueden recibir a través de ella información que no es para ellos. Este "fenómeno" pudiera incluso confundirse con un psiquismo, ya que para aquel que recibe la información en nada se le diferenciaría entre si es psíquico o no quien habla. Tengo que aceptar que es el caso que menos me he encontrado a través de mi práctica y que cada vez que me encuentro uno me esmero para explicar lo mejor que pueda su "condición" y dejarlo o dejarla en un estado en donde acepte mejor su caminar. Para mi sorpresa muchos de ellos no sabían que esto fuera posible o que ellos fueran "así".

No quiero que piensen que manejar las runas le podría dar este tipo de crecimiento a cualquiera. Sigo pensando que un sobre crecimiento de la intuición

definitivamente es algo que produce la naturaleza en algún momento cuando los elementos específicos se dan. Pero sí les aseguro que el manejo del oráculo les traerá un crecimiento normal en su intuición y será algo permanente que podrás usar para tu vida y la vida de los demás, y para complementar el desarrollo de otros dones.
Servicio.

El servicio es el elemento más importante en la Creación. Aunque el fundamento de la existencia es el AMOR, este nada sería si no existiera el servicio. El servicio es reconocerte en el todo, en la Creación y en los demás. Es ver cómo se extiende cual si fuera un sólo cuerpo cada brazo del Universo, y en cada parte estás tú. Es inevitable obrar, porque no estás obrando a algo o alguien fuera de ti. No estás honrando a un espacio

Runas
para toda la vida
Omar Ayala

diferente al tuyo. Solamente estas obrando en ti y para ti.

La literatura espiritual del mundo, incluyendo la dogmática, prácticamente en su mayoría apoya el servicio como modo de crecimiento espiritual. Si bien pueden diferir las creencias, en este aspecto la mayoría convergen. La diferencia estriba en que comienzan a pasar juicio sobre ese servicio y como este debe ser, o a darle normas a la aparente forma de retribución que recibimos. Nada de esto es importante y una vez más se intenta dar propiedades humanas y mundanas a un evento divino. En realidad el servicio es 'la acción que me realizo en otro'. Soy yo mismo actuando y obrando en lo que aparenta ser el exterior; en otra extensión de lo que soy.

El servicio es nuestro único trabajo en la evolución espiritual, todo lo demás viene por añadidura. Asimismo

Runas
para toda la vida
Omar Ayala

es a través de servicio que recibimos la única paga que existe, la evolución. Estamos obligados a realizarlo aunque entendamos que no contamos con las herramientas necesarias para ello, incluyendo el conocimiento. Si bien, carecemos de esperanza, es esperanza la que debemos impartir en otros. Si bien queremos estructurar nuestro pasado, presente y futuro, no hay mejor manera que hacerlo con otros. Esta es la pieza de la que nadie habla cuando se discute la famosa ley de causa y efecto, o como comúnmente se le hace referencia 'la ley de atracción'. Si no hay servicio no hay movimiento, más bien no existiría nada, ni la razón por la cual existir. El Universo es un gran panal y nosotros las afanosas abejas todo el tiempo trabajando y creciendo.

Cuando hablé de la intuición mencioné la

Runas

para toda la vida

Omar Ayala

existencia de dones espirituales. Ahora, después de describir lo que es el servicio, es importante que les diga que los dones no son nuestros. Nada de la evolución espiritual es personal, todo es para todo. Las afanosas abejas no realizan su labor individual para ser reconocidas o para acarrear intereses propios. Cada una realiza su función, o su don, para aportar su parte en el mantenimiento de la harmonía completa del panal. No existen las abejas individuales, todas obran en torno a su panal. No existen dones individuales, ni dones para utilizar en beneficio personal solamente. Todos los dones existen para ser usados para la Creación, para los demás, para el mundo en general. Los dones no son de nuestra pertenencia. Son un instrumento que se nos otorga o que se desarrolla para apoyar la harmonía de la Creación, que

Runas

para toda la vida

Omar Ayala

no es otra cosa que la evolución personal y colectiva. El servicio es la pieza clave para un don, haciendo llegar ese don a los demás y al planeta.

Desarrollo de dones espirituales.

Tarde o temprano en nuestra evolución el momento de desarrollar un don divino llega. Los dones son diversos, y algunos tienen cierta complejidad pero lo importante es que siempre es dado por la Energía Divina. Poder utilizar un oráculo no es un don, pero a través de la utilización de un oráculo los dones se pueden (y deben) manifestar. Por lo general cuando le pregunto a alguien que si le gustaría aprender a leer runas, si la respuesta es 'no' la razón siempre estriba en que no quieren convertirse en el típico mentalista que lee las cartas. Este pensamiento tiene varias fallas fundamentales. Primero, los oráculos,

Runas

para toda la vida

Omar Ayala

como las runas, aun evocan la imagen incorrecta en el pensamiento de las personas, trayendo siempre aquel que ve el futuro en unas cartas o piedras, o hasta en una bola de cristal, pero que en nada más te puede ayudar, y que usualmente es un gran vidente. Usualmente, me dicen que no quieren verse compartiendo ese espacio íntimo en donde se documenta y discute situaciones personales del consultante. Esta visión, como indiqué, está fundamentalmente errada. El lector de hoy no debe enfocarse en leer el futuro, no tiene que ser psíquico, y sólo debe poseer una serie de destrezas adicionales para apoyar y sustentar sus lecturas, tales como las que discuto en este libro. Un lector no tiene que partir de alguna "posición" espiritual, sino que a través del oráculo eventualmente la alcanza. El manejo de un oráculo es una

Runas
para toda la vida
Omar Ayala

puerta, y eso me lleva a la segunda razón por la cual este pensamiento está errado: no existen requisitos para manejar las runas, sino aquel deseo de servir (y servirse).

Los oráculos son un sistema que puede aprenderse. Esto, junto con buenas destrezas adicionales, es más que suficiente para empezar. Es con el tiempo y la honra del oráculo y su energía que el desarrollo de dones ocurre y no debe forzarse nada. Hay que fluir con el proceso. Todo se logra comenzando poco a poco con lo básico, con lo que nos toca. He aquí la razón por la que decir, "no comienzo con las runas porque yo no tengo un don para eso" está mal. Decidir comenzar con las runas es la perfecta razón para desarrollar cualquier don. Se aprende a nadar en el agua, no en la arena. Se aprende a tocar un instrumento tomándolo en las manos. Cualquier persona puede

Runas

para toda la vida

Omar Ayala

desarrollar sus dones a través del estudio y trabajo de las runas, así como muchas otras destrezas interpersonales y funcionales para la vida.

Entender el mecanismo de la existencia.

Los aprendizajes de la vida son los mismos, lo que es diferente es cómo los maneja la gente. Después de años de estar leyendo runas una cosa puedo decir con convicción, he estado evaluando las mismas circunstancias de vida una y otra vez. Es erróneo pensar que somos los únicos que vivimos alguna experiencia y que nadie podría entendernos. Hay quien dice y piensa "lo que me pasa a mí, no le pasa a nadie", cuando en realidad lo que te pasa a ti, le pasa a todo el mundo. Lo que lo hace diferente es cómo se maneja e internaliza. La Energía Divina se alimenta de esa experiencia "individual" producto de un

Runas
para toda la vida
Omar Ayala

macro, o un molde vivencial que ya existe. Se alimenta de lo que manifestaste tú al vivirla, no de la experiencia en sí.

Así como el Universo funciona como un sistema, así mismo nosotros podemos adoptar una metodología similar de vida, y leer runas definitivamente nos puede ayudar. A nuestro alcance está poder comprender el mecanismo por el cual las cosas se rigen; porqué ocurren las cosas. No me refiero a que podemos conocerlo a cabalidad completamente, ya que esto significaría que nuestra capacidad está completamente igualada con aquella que tiene la Mente Divina, pero sí podemos conocer lo suficiente. Por ejemplo, en cualquier lectura yo suelo preguntar al consultante acerca del asunto que este quiere investigar. Esto es un proceso normal que nos permite conocer mejor y agarrar la energía de lo que

Runas

para toda la vida

Omar Ayala

estamos buscando, pero además de eso me permite ir trazando las posibilidades en mi cabeza. Es decir, si ya tengo una noción de los mecanismos existenciales por los cuales atravesamos, de tan sólo escuchar una historia se debería poder circunscribir la idea a un origen específico.

En una ocasión una mujer muy joven se comenzó a consultar conmigo. Al cabo de algunos seis meses y varias consultas, su vida estaba comenzando a tomar un mejor camino, sin embargo, el área laboral de su vida continúa estancado. Ya para este tiempo deberíamos haber encontrado ese por qué, sin embargo continuaba siendo un misterio. Meditando sobre el asunto, y habiendo visto casos similares a través de mi carrera, inmediatamente supe que ese tipo de energía que bloquea el asunto laboral se encontraba dentro de una especie de barrera energética,

Runas

para toda la vida

Omar Ayala

y que el contenido de esta se debía definitivamente a un trauma, algún karma, o alguna energía negativa involucrada. Algo similar me ocurrió con una mujer un poco más mayor. Igualmente logramos mucho progreso a través de meses pero su área de pareja no tenía progreso. Nos tocó comenzar un plan de trabajo que nos permitiera comenzar a obtener información de ese bloqueo energético y vencerlo eventualmente.

Conocer el mecanismo de la existencia nos brinda una serie de ventajas. Se comienza a ver la vida desde una perspectiva diferente y sobre todo se comienza a vivir basado en soluciones. Se comienza a buscar el 'para qué' y no el 'por qué' de las cosas y todo es apoyar el proceso para que fluya, se desenvuelva y termine. Contar con esta herramienta nos ayuda a mejorar nuestra vida y evolución

Runas
para toda la vida
Omar Ayala

espiritual de la misma manera, ya que nosotros como lectores no estamos exentos de los mismos mecanismos existenciales. Como última ventaja, también tengo que señalar, que se puede predecir mucho del pasado y el futuro cuando se conoce cómo funciona el Universo. Después de todo, es un sistema, y no toma más que ser buen matemático para lograrlo.

Tomar riesgos, autoanálisis.

Si conocemos mejor el mecanismo de cómo trabaja la existencia en el Universo entonces, ¿para qué vamos a tener miedo? ¿Para qué vamos a detenernos o rendirnos? Recuerdo que he andado como peatón por pueblos buscando tiendas místicas, he ofrecido lecturas en lugares que sé que nadie lo haría, hasta usando runas de papel construidas al momento, incluso he leído en trabajos que

Runas
para toda la vida
Omar Ayala

he tenido aun después que mi supervisor me indicaba que no era aceptable, sin contar con los hogares que visité en donde literalmente se podía grabar un filme de horror. Perdí el miedo a la vida y sus cosas hace mucho tiempo, mis consultantes me ayudaron en el proceso dándome sus situaciones para yo ver. Esto no es malo, en realidad me hizo romper con las ataduras que nos ponen de niño y nos hacen ser "normal".

El que está libre de ataduras es libre para volar y perseguir sus aprendizajes para sacar el provecho requerido de ellos. Sin evolución no hay ganancia, según vas consultando y viendo situaciones de vida te irás autoevaluando. Comienza un fuerte sentido interno de saber si lo que el Universo te ha permitido consultar, lo ha permitido para que lo veas y lo corrijas en ti. Así el

Runas
para toda la vida
Omar Ayala

proceso es reciproco y una vez más acabo de probar que un lector no es una bola de cristal estática que cobra por el futuro. Un lector pone el mecanismo existencial a correr y a obrar y procesar para sí y los demás.

Responsabilidad sobre los actos.

No existe excusa para no tomar responsabilidad sobre los actos. El Universo ni siquiera toma en cuenta la ignorancia como una excusa. Somos en todo momento co-creadores sin importar si sabíamos o no lo que hacíamos, ni siquiera si podíamos saber. Estamos destinados a continuar y contribuir al movimiento continuo de la existencia y con el tiempo lo que hacemos es ganar control de lo que creamos al punto en que ganamos independencia. Ese control se comienza a ganar cuando se estudia la vida humana a través de un oráculo como las

Runas

para toda la vida

Omar Ayala

runas.

Somos más grandes de lo que pensamos. No somos un cabo suelto flotando en la inmensidad sin poder participar activamente de lo que ocurre. La vida no es efímera. Somos el Universo entero puesto en un sólo lugar y créeme, CADA cosa que puedes hacer, pensar o sentir tiene un impacto en toda la Creación. Sé que esto está postulado en miles de libros de literatura espiritual alrededor del mundo, pero lo que sí no ha sido excesivamente plasmado es que este principio también aplica a la vida mundana. En muchas ocasiones me encuentro con consultantes que son muy listos a la hora de crear argumentos, más bien excusas, para justificar su mal comportamiento e incluso probar cómo sus malas acciones no tendrían iguales consecuencias. Para todos los

Runas
para toda la vida
Omar Ayala

que he visto a través de mi carrera y los que me falta encontrar les digo: nada te salva de tus acciones; tarde o temprano estas te van a encontrar a ti; lo mejor que podemos hacer es hacernos conscientes y responsables de nuestro caminar.

Continuidad en la educación en temas espirituales.

Comenzar a trabajar con las runas también es una puerta para seguir indagando en otros temas espirituales. A menudo me encuentro personas que no quieren mezclar diferentes herramientas que existen a nivel espiritual porque se les enseñó que muchas de éstas no son compatibles. Esto es falso, lo importante de cada herramienta y nivel energético con el que se trabaja es darle la continuidad y estudio que se merece, llevando la herramienta desde un comienzo a una conclusión,

Runas

para toda la vida
Omar Ayala

reteniendo lo que apoya nuestra evolución y descartando lo demás. No digo con esto que se debe tratar todo porque todo es bueno, pero sí que se puede sacar algo bueno de todo y que es importante reaprender todos los días.

No existe la supuesta incompatibilidad, cada cosa en realidad enriquece tu conocimiento de la vida y del manejo de la energía. Aplaudo la literatura moderna que une las runas con prácticas como la yoga o la meditación, ya que esto lo que hace es enriquecer la práctica. Yo mismo he incluido a mi práctica de runas muchas otras prácticas espirituales adicionales, y mi motivación ha sido la profundidad espiritual que las runas han aportado a mi vida. Cuando algo espiritual bueno comienza, muchas otras puertas se abrirán en diferentes temas. Eventualmente me queda por pensar que todo esto

Runas

para toda la vida

Omar Ayala

también está orquestado para nuestro crecimiento.

Runas
para toda la vida
Omar Ayala

Destrezas

Es beneficioso para toda lectura que el lector posea destrezas que la amplifiquen y la guíen. Después de todo, de eso se trata ser un lector. A continuación se describen las características que deben poseer o desarrollar para hacer esto posible. No se preocupe si no las posee, ocúpese de desarrollarlas.
Empatía.
De más está decir que cada una de estas destrezas es importante para una lectura, sin embargo pienso que la empatía es la más importante. Es muy importante que no impere el sentimiento de que nuestros consultantes son extraños; creo que ya hablamos de eso cuando describimos

Runas
para toda la vida
Omar Ayala

el servicio. Lo que ocurre aquí es que la mayoría de las personas busca consultarse cuando las cosas andan mal o requieren información para moverse delante de una situación. Casi nadie busca una consulta cuando saben lo que tienen que hacer y son felices. Esto nos incluye a nosotros mismos. Aquí es donde la empatía viene a la mano.

Lo que es importante para ti no necesariamente es importante para otro y viceversa. Ahora, hay valores que la humanidad está comenzando a reconocer como universales, por ejemplo, el derecho a la vida y al bienestar. El propósito de la empatía en el lector es poder conectarse con ese sentimiento del consultante y entender por qué es importante para él. Esto ayuda a realizar una lectura más relajada para los dos, sin ánimo que se sienta o

Runas
para toda la vida
Omar Ayala

se pase algún juicio, y también es esencial para determinar por qué darle importancia a su consulta es significativo de seguir adelante en la vida. De esta manera se identifican traumas, karmas y otras manifestaciones de la energía en la vida del consultante. Si comenzamos a decirle "eso no tiene importancia" o "eso no significa nada" estamos cerrando la puerta a que el consultante confíe en nosotros, se relaje, y aporte a la energía de la consulta, una meta que es esencial.

Una vez tenemos empatía con la consulta podemos hacer un acto de servicio, podemos entender bien el plan de trabajo que vamos a trazar y nos abrimos al amor de lo que es vivir. Podemos también, continuar documentando cómo se manifiestan los aprendizajes en la vida, información que podemos usar para mejorar nuestra

Runas
para toda la vida
Omar Ayala

destreza y también nuestra vida. Como ven, esta es la destreza maestra, contrario a lo que muchos podrían pensar, es la llave para abrir la puerta a una lectura positiva y trascendental, además de maximizar la información que recogemos e interpretamos. Muy a menudo, me encuentro con personas que están dispuestos a poner sus sentimientos sobre la mesa de trabajo cuando se consultan y no tienen miedo ya que sus ganas de sacar el mejor partido son mayores a la sensación de abrirse a un extraño. Estas son personas que lloran, por lo general, o se enfadan, o tienen momentos de catarsis. Esto es muy importante en el proceso de sanación y usted como lector es un facilitador. Tampoco tenga miedo de dejar saber que está comprendiendo la circunstancia y que el lector cuenta con su apoyo emocional, mental y espiritual. Sepa ponerse

Runas

para toda la vida

Omar Ayala

en los zapatos del lector, pero eventualmente ya que no es el caso que usted está allí, busque con la ayuda del oráculo las soluciones, informaciones y planes de trabajo que se requieren. Si alguien genuinamente se consulta y está dispuesto a sanar y cooperar, usted está obligado a hacerlo también, y debe genuinamente comprender y guiar.

También muy a menudo me encuentro con personas que quieren cooperar en sus lecturas pero le inunda el miedo de dar a conocer sus sentimientos. Los comprendo perfectamente. Nadie quiere verse vulnerable o débil delante de otro. Tristemente esto no es bien visto en nuestra sociedad. Esto también es un disparate del que la raza humana tiene que despertar. Los sentimientos no son debilidad y vale más educar para no herir a los demás que educar para ser robots insensibles que ocultan su

Runas
para toda la vida
Omar Ayala

verdadero ser de manera que puedan protegerlo. Con personas así yo comienzo hablando de otra cosa o haciendo un chiste. En otras ocasiones les hablo de las runas y cómo funcionan. La empatía me dice que ese consultante llegó envuelto en una coraza y si la lectura ha de ser efectiva es importante que ésta no exista y que yo pueda entrar en ese espacio. Una vez más, a través de los años lo que mejor ha probado ser efectivo para lograr esa conexión con estos casos es: comenzar una conversación de otra cosa, hacer chistes, o explicar el oráculo comenzando con una pregunta como "¿se ha consultado usted alguna vez con un oráculo?"

Comunicación.

Yo comparo mi posición como lector con aquella de un terapista de la salud mental. A veces pienso que

Runas

para toda la vida

Omar Ayala

debí realizar estudios en alguna rama de psicología o consejería. La similitud es inmensa y estoy seguro que aquí voy a romper otro paradigma. El trillado gitano con la bola de cristal es un tipo de lector que yo no promuevo. Repito, no promuevo el psíquico que te mira y te dice mil cosas y luego te pide que te vayas; no promuevo aquel que usando cualesquiera destrezas diga que tenga provea una montaña de información al consultante como si este estuviera detrás de un espejo. Finalmente, esto ya ha probado ser muy inútil o, dicho de otra manera, poco efectivo. Una lectura de runas, aunque es un evento espiritual/energético, es una terapia. Un lector, desarrolla casi las mismas destrezas de un terapista de la salud mental. Si desea ser un verdadero lector, un verdadero psíquico, no busque ser el psíquico trillado, común y

Runas
para toda la vida
Omar Ayala

corriente.

Por tal razón, la comunicación es una destreza que un lector debe poseer. Un lector es la voz del oráculo. El oráculo sólo no genera una voz ni genera palabras. El oráculo genera energía que se puede interpretar por medio de símbolos, responsabilidad que recae en el lector. Es responsabilidad del lector comunicar efectivamente lo que el oráculo está presentando, y ponerlo en palabras que el consultante pueda comprender. Hay una frase que dice: "soy responsable de lo que digo no de lo que tú entiendas" y esta ha sido la frase más mal interpretada en tiempos modernos. Esta frase ha sido tristemente prostituida por gente inmadura, y aquellos que aún desconocen cómo funciona el Universo. Según ellos, les importa poco las consecuencias de lo que sale de su boca, ya que reside en

Runas

para toda la vida
Omar Ayala

su corazón la verdadera intensión y allí es lo único que importa. Cualquier destrucción que se desate con sus palabras no es su responsabilidad. Siempre que escucho esta definición (y créame que a través de mis años de práctica siempre la escucho) no puedo evitar escuchar el sonido característico de una respuesta incorrecta en algún programa de juegos de televisión, porque esto, señores, es totalmente falso.

Somos completa y totalmente responsables de lo que sale de nuestra boca y de sus consecuencias. Esto es un principio que toma tiempo comprender, y requiere de mucho estudio. Decir que nada fuera de nosotros es nuestra responsabilidad, especialmente si salió de nosotros al exterior, es prolongar la mentira más grande de todos los tiempos, la mentira de la separación. No somos entes

Runas

para toda la vida

Omar Ayala

individuales porque la individualidad no existe en la Creación. Todos somos uno, manifestado en diferentes consciencias, experimentándose a sí misma por siempre. Es importante y tu responsabilidad como lector es hacer entender tu idea con palabras, aunque tengas que utilizar palabras que por lo general no utilizas. Es inaceptable que el consultante se lleve dudas o la información incorrecta de lo que el oráculo está presentando. El lector es la voz del oráculo, y fallar al no conocer estos principios básicos de la comunicación y las palabras sería no poseer una destreza importante del fundamento de lo que es usar runas.

De lo que no somos responsables es de todas las cosas que quien nos escucha es víctima, y los mismo nos pasa con nuestra propia mente. Por lo general cuando

Runas

para toda la vida

Omar Ayala

aprendemos algo, le terminamos cerrando la puerta a otros aprendizajes. Siempre que aprendemos o re-aprendemos algo de alguna manera siempre pensamos que ya lo sabemos todo, y nos hacemos esclavos inmediatamente de otro nuevo aprendizaje. Aprenda hoy a no ser esclavo de nada. No repita nada sin dejar saber que usted está abierto a las posibilidades. Cerrarse a las posibilidades es una característica de personas que tienen miedo o traumas con el cambio, y el cambio es lo único seguro en el Universo. Este depósito de informaciones que lleva cada quien en su cabeza es su responsabilidad, y forma parte de lo que acepta como realidad. Sobrellevar y tomar el control de esto es parte de la evolución. Es parte del taller personal de cada cual.

A esto es lo que se refiere realmente la frase "soy

Runas

para toda la vida

Omar Ayala

responsable de lo que digo no de lo que tú entiendas", es decir "tienes que entender esto que estoy diciendo en palabras y tener el crecimiento y el valor para no pasarlo por tu sistema de creencias, mas si tomas tú el control, tu sistema de creencias y lo que estoy diciendo estarán en armonía". Es responsabilidad de cada quien tomar este control y dominar los aprendizajes, no que estos nos dominen a nosotros. Es responsabilidad del lector tener las destrezas de comunicación e interpretación correctas para ser la voz del oráculo y así no tener miedo de aceptar esta tarea y sus consecuencias. También a menudo me preguntan si ayuda tomar cursos en esta destreza. La respuesta es sí. Como dije, ser lector de runas es muy similar a ser terapista de salud mental. Cualquier rama o doctrina que mejore las destrezas de comunicación dentro de ese campo es muy provechoso para el lector.

Sensibilidad.

Ser sensible está muy ligado a tener empatía. Sin embargo, es una destreza que debe ser desarrollada independientemente y es igualmente importante. Un lector puede tener empatía para recibir y procesar la información tanto de su consultante como de su oráculo, pero cuando comienza a explicar el plan de trabajo, o el resultado de la lectura, este falla en suavizar el lenguaje apropiadamente o, en darle la firmeza que requiere en ocasiones. Es muy importante percibir el nivel de tolerancia de las personas que se consultan, así como el nivel de tolerancia de sus situaciones, lo que han hecho, honrar su inteligencia, sonar sin juicio pero ser muy objetivos, y determinar si la persona está buscando

Runas

para toda la vida

Omar Ayala

---

información que no tenía, si está confirmando lo que ya sabe o está buscando esa pieza final que lo empuje a lo que tiene que hacer. A través de todas estas la sensibilidad del lector es clave. La Teoría del Caos es una rama de estudio de la matemática, comúnmente conocida como el Efecto Mariposa, y consiste en que dadas las condiciones iniciales de un sistema, la más mínima variación en ellas puede provocar que el sistema evolucione en ciertas formas completamente diferentes. Debido a esto, cualquier perturbación inicial, después que haya pasado el debido proceso de amplificación, puede generar un efecto considerablemente grande en el futuro. Así mismo pasa con las cosas que decimos con nuestro oráculo.

Nosotros, como lectores, no sabemos cómo y de dónde vienen nuestros lectores. Únicamente si la lectura

Runas
para toda la vida
Omar Ayala

nos la estamos haciendo a nosotros mismos esto es casi posible. He visto y estudiado grandes psíquicos, y ni siquiera ellos tienen el panorama completo de una persona cuando es consultada. No habría forma de saber esto completamente, ni siquiera si la persona se toma la molestia de explicar por horas lo que ocurre y porqué quiere consultarse. Siendo esto así debemos tener aún más sensibilidad al trazar nuestros veredictos. Cualquier cosa mal explicada o mal entendida puede tener el efecto no deseado, o un efecto que se aleja de la evolución del consultante y del lector. Una vez más, somos la voz del oráculo y con gran poder viene gran responsabilidad. El mejor ejemplo de esto que he incluso expuesto en mis seminarios es que a través de mi carrera me he encontrado con personas que me indican que sienten que ya no

Runas

para toda la vida

Omar Ayala

quieren vivir o que están pensando terminar sus vidas. Para cualquiera esto es una aseveración no muy fácil de recibir y definitivamente requiere de todas tus destrezas sociales para trabajar con ella. Piense por un minuto qué le diría usted a una persona que dice esto en una consulta, mientras a la misma vez debe interpretar lo que dice el oráculo al respecto.

Imagine que la persona fue a consultarse con usted buscando el valor para quitarse la vida y usted no pudo detectarlo. Imagine que no tuvo la sensibilidad adecuada al hablar. Esa es la energía que se llevó el consultante de allí. No somos exentos de responsabilidad en el Universo por desconocimiento. Ser un lector es un evento muy grande, hermoso, y nos transforma en un maestro e instructor de las leyes del Universo; nos obliga a

Runas
para toda la vida
Omar Ayala

evolucionar y a crecer y nos obliga a ser más sensibles con todo. La sensibilidad es la pieza que estabiliza la empatía y la comunicación y nos da ese toque magistral al proceso de ser la voz del oráculo. Esta debe ser siempre coordinada y precisa, exacta como debe salir. Esta debe asistir el proceso evolutivo y nunca coartarlo u obstruirlo. La gente recibe lo que debe recibir y nosotros sólo somos una computadora que lo procesa y lo adapta; somos un canal.

Asimismo contamos con la firmeza que debemos en el momento preciso. Hay personas que las runas quieren regañar de alguna manera. Una halada de orejas a tiempo es importante y en numerosas ocasiones esto ocurre en las lecturas. Me ha pasado que el consultante se sienta y tiene toda una lista escrita y analizada por días de las cosas que quiere investigar pero resulta que el oráculo quiere

Runas

para toda la vida

Omar Ayala

corregir con firmeza actitudes y situaciones que él/ella no está contemplando. No nos queda más que proyectarle esa firmeza que el oráculo presenta ya que esa medida es lo que la persona en realidad requiere para su evolución en el presente. Es todo cuestión de balance y de practicar nuestra percepción para refinar la sensibilidad. De esta manera tampoco caemos en ser insensibles o tan sensibilizados que no nos atrevemos a hablar lo que se requiere.

Psiquismo.

No se requiere ser psíquico para leer runas ni para leer cualquier otro oráculo. Las runas, al igual que cualquier otro oráculo, son un sistema de símbolos. Como todo sistema, lo único que el lector debe hacer es aprender ese conjunto de reglas. Yo le llamo a esto "interpretación

Runas
para toda la vida
Omar Ayala

de símbolos", y funciona prácticamente igual que cualquier lectura. Sin embargo, una lectura, requiere mucho más que eso, tal cual hemos venido explicando. Para que sea "lectura" se requieren destrezas adicionales psicosociales, de lingüística, de trabajo energético, de Leyes Universales, y otras que no he discutido. Todas estas en conjunto, más una buena interpretación de símbolos, crean un lector, y por ende, una lectura.

Entonces, no se requiere ser psíquico para interpretar runas, pero sí para hacer una lectura de runas. Si no se considera psíquico o entiende que no nació con el don no cierre este libro ahora y para nada se desilusione. Todos somos psíquicos, lo que ocurre es que algunos lo expresamos mucho más que otros. Esto se debe a diversas razones, usualmente teniendo que ver con la

Runas
para toda la vida
Omar Ayala

evolución individual, karmas, darmas, y cosas así. Finalmente lo que queda es hacer de esta expresión una mayor, o sea, desarrollar este psiquismo conscientemente. Esto, le aseguro, es muy posible y, aunque no lo crea, la mejor manera es aprendiendo a leer runas. Sé que se estará preguntando cómo es posible que el medio sea el mismo resultado. ¿Cómo puedo desarrollar el psiquismo leyendo runas si requiero ser psíquico para ser un lector de runas? Le aseguro que la misma pregunta se la hace todas las mañanas los instructores de natación. ¿Cómo pueden enseñarles a las personas a nadar si deben estar en el agua para hacerlo y precisamente por no saber estar en el agua están tomando clases de natación?

Aun cuando existen numerosas técnicas para desarrollar el psiquismo, no es posible sólo hacerlo con

Runas
para toda la vida
Omar Ayala

estas. Ser psíquico no es ver a las personas y decirles cosas de su futuro. Ya he mencionado como quiero distanciar mi práctica y este libro de semejante imagen. Ser psíquico tampoco es ser clarividente, aunque ciertamente ambos generan un espectro bastante grande de visión de las cosas. Ser psíquico es *tener una sensibilidad energética*. Aunque suena una definición simple en realidad no lo es. Esta sensibilidad energética le permite a la persona realizar una gran gama de proezas. Debido a esta sensibilidad un psíquico puede: ver y leer 'el tiempo' o la fibra cósmica misma y por ende sacar información fiable y en un idioma legible sobre sí y otros, ver y manejar e identificar energías no necesariamente visibles por el ojo humano, o sea, tiene acceso a la multidimensionalidad.

La multidimensionalidad es la realidad cósmica más

Runas

para toda la vida

Omar Ayala

importante. Los seres en el Universo son creados y lanzados a su evolución y el aprendizaje más grande que estos deben obtener es que son seres multidimensionales, o sea, que su existencia consta de varios niveles de dimensión. Cuando este *ser* hace uso de esta realidad y la acepta, finalmente muestra características de psiquismo. En otras palabras, acepta que es un ser que existe en múltiples dimensiones y escoge mostrar su naturaleza en todo evento, incluyendo en sus encarnaciones. Es allí en la multidimensionalidad de la Creación que toda la información de la misma Creación se mueve. Aunque esa información que hasta cierto punto esta encriptada, es parte de la capacidad del psíquico entenderla y explicarla. Es esta la diferencia entre un clarividente y un psíquico. Un clarividente ve imágenes que puede describir acerca

Runas

para toda la vida

Omar Ayala

del pasado, presente y futuro, pero no puede realizar más nada con ese don. Un psíquico aprovecha este acceso a la multidimensión para obtener información y comunicarse.

Entonces, si hemos entendido, ser psíquico enriquece nuestras lecturas grandemente. Virtualmente las posibilidades son infinitas. Estamos poniendo a la disposición de las runas una librería de información ilimitada. Ahora, no podemos realizar una lectura ilimitada. Esto no tiene sentido contando con que nuestras experiencias en un planeta como este son para nuestro aprendizaje y crecimiento. Las runas no proveen información que arruinen nuestro propio proceso de crecimiento o autodescubrimiento por lo que no importa si estamos tres horas tratando de leer algo, no podemos traspasar esta regla. Mi recomendación: no pierdan su

Runas
para toda la vida
Omar Ayala

tiempo. La mayoría de las experiencias que narré en la primera parte de este libro ocurrieron porque soy psíquico, no porque soy lector de runas. La energía de las runas nos trae diversos casos que atender como lectores, y según vamos progresando casos más complejos aparecen hasta que nos hacemos maestros. Asimismo cada cosa que adquirimos y desarrollamos amplía nuestra capacidad de lectura y atrae personas que pudieran beneficiarse de esto. Ser psíquico es la mayor destreza que podríamos desarrollar como lectores y es algo que eventualmente ocurre. ¿Qué hacer para comenzar a desarrollarlo? Comience a leer runas. Comience hoy su práctica energética personal.

Precisión.

Ser preciso es ser certero en la vida. Esto es una

Runas
para toda la vida
Omar Ayala

destreza importantísima, especialmente en los tiempos que se viven en donde no tenemos tanto espacio para pensar las cosas. Esto no debe confundirse con no pensar y seleccionar aleatoriamente, tomando solamente la primera impresión siempre, sino que se puede evaluar todas las alternativas hasta el máximo de nuestra capacidad y escoger una a mucha mayor velocidad. Pensar rápido es una virtud muy útil para un lector y para la vida misma. El tiempo en una lectura debe ser coordinado por causas energéticas y humanas, por lo que no contamos con tanto espacio para evaluar posibilidades. Tener precisión con lo que interpretamos es esencial para maximizar el tiempo.

El aprendizaje que nos ayuda en nuestra precisión es conocer cómo funciona la vida; cómo funciona el Universo. Erróneamente pensamos, igual los consultantes,

Runas

para toda la vida
Omar Ayala

que lo que nos pasa es algo que nos ocurre a nosotros y nadie puede entenderlo. En demasiadas ocasiones personas que se consultan conmigo me hacen su historia como si fuera la primera y única vez que ocurre. La realidad del caso es que todos aquí estamos viviendo las mismas circunstancias, lo que es diferente es nuestra experiencia con ellas. El Universo es una súper computadora, y como tal, lo único que hace es procesar datos. Las reglas ya están intrínsecamente creadas, son adaptativas, y no podemos escapar de ellas. A todo el mundo le ocurren las mismas cosas, exactamente las mismas, lo que será diferente, y por ende el resultado que le interesa a la evolución, es como individualmente experimentamos el evento. Eso es lo que es importante. Si documentamos en nuestra mente cómo son estos eventos,

Runas

para toda la vida

Omar Ayala

que son los mismos para todo el mundo, su capacidad de evaluar los casos que ve en las lecturas será más rápida y los planes de trabajo que tenga que hacer con el consultante también son creados a manera sistémica y rápida. Lo que se ve se debe interpretar rápidamente con la mayor precisión posible.

En mi caso siempre estuve muy preocupado por la rapidez de mis lecturas. Decidí que como un músculo, yo podría entrenar mi mente y mi energía a realizar esto muy rápido. Para cuando llegó la etapa universitaria en donde tuve mi propia organización estudiantil allí, realicé ferias en donde la fila de personas esperando para consultar era muy larga, y a ninguno le dedicaría más de diez minutos. Fue el panorama perfecto para leer con rapidez y empujarme a mi propio límite.

Runas

para toda la vida

Omar Ayala

Honestidad.

La honestidad va de la mano de la precisión y trabajan juntas también, pero es importante definir esa honestidad. Claro que estamos hablando que usted sea franco con su consultante o con usted mismo. Estamos hablando de que no hay espacio para las mentiras en una lectura, ni para engañar, y de que nosotros siendo la voz del oráculo todo lo que decimos es la honesta verdad. Debemos refugiarnos en esta honesta verdad porque es parte de ser un lector ser así. Siempre les digo a las personas que se consultan conmigo "tengo el sombrero de lector puesto ahora". Con esto lo que hago es recordarles que yo no soy el objetivo de sus emociones o de sus sentimientos. Si se alteran positiva o negativamente debido a algo que honestamente sale en la lectura, no es

Runas

para toda la vida

Omar Ayala

conmigo que se deben desquitar. El lector es la herramienta que el Orden Divino escogió para su sanidad, nada más. Nunca permita que le descarguen a usted por causas o motivos de otros.

También uso esa frase como preámbulo a expresar algo que entiendo que es posible que caiga mal (sensibilidad). La persona se prepara mejor de esta manera y, una vez más, no arremete contra mí. Mi interés siempre es ofrecer el mejor trabajo que puedo hacer y entregarme en lo que entiendo es mi misión. Un lector no puede tener interés en tergiversar u omitir información. Cuando comencé a leer runas temía muchas cosas de mi sinceridad. No tenía el valor para expresar muchas cosas, y vi en muchos casos como algo que había omitido le hubiese sido útil al consultante en un momento dado.

Runas

para toda la vida

Omar Ayala

Cada cosa es un proceso y el tiempo me preparó para lidiar con estas cosas pero tampoco tuve alguien que me guiara y me dijera 'tienes que ser honesto' como estoy haciendo con ustedes ahora. Sea honesto y preciso, el Orden Divino está permitiendo el flujo de la información que usted está interpretando. Si esa es su determinación, eso es exactamente lo que el consultante debe recibir.

Meditación/Contemplación.

La meditación es un acto que aparece en todos los dogmas, filosofías y todo compendio de índole espiritual en el mundo. Aunque no utilicen la palabra meditación o contemplación en realidad eso es lo que está haciendo. Este acto o ejercicio es una función básica que todo ser vivo realiza. Todo aquello que respira puede y debe meditar ya que devuelve al ser a su origen integral.

Runas

para toda la vida

Omar Ayala

Mientras vamos experimentando a través de nuestra existencia, por ejemplo, en este planeta, nuestra energía se esparce. Vivimos diferentes cosas, algunas nos agradan, otras nos hieren, no importa como las veamos o las percibamos, son parte del caminar. La única manera de volver a la fuente es entrando en este periodo de contemplación hacia el interior, en ese silencio de la grandeza de lo que somos meditando. El yoga es meditar, así como el Qi Gong, y otros ejercicios relacionados. La expresión de dones espirituales es meditar. La lectura de oráculos es meditar. La lectura de runas es meditar. Contemplar es meditar. Volver a la integración de lo que somos a través de la respiración consciente es meditar.

Una vez más me alejo del psíquico con la bola de cristal o del psíquico callejero circense. Utilizar nuestros

Runas

para toda la vida

Omar Ayala

dones y capacidades leyendo runas debe ser un evento de meditación. Cuando comenzamos la lectura y respiramos profundo con el consultante, o con nosotros mismos, creamos una conexión de alma a alma. Pedimos asistencia inconscientemente a los Seres de Luz y a la Fuente Divina, y nos hacemos uno con ella. La energía de las runas nos está guiando y nosotros seremos su voz y su maestro. Esto es meditar. Si una lectura no será un evento como el que describo, esta no se debe dar. Igualmente si existe prisa, o los elementos básicos para producir un evento de este calibre no existen, mejor es no crear la lectura. Una lectura es un evento espiritual y es un camino de autodescubrimiento en donde se nos permitirá obtener información del caminar nuestro o de alguien, y esto siempre se debe honrar. El caminar es sagrado.

Runas

para toda la vida

Omar Ayala

Aparte de meditar y contemplar con la utilización de nuestro oráculo, es muy importante que se adquiera una práctica de meditación diaria u otro ejercicio de índole espiritual. Al menos una vez al día el ser humano debe recoger su energía y volver a sus bases; volver a ser íntegro. Esto es muy importante para ser mejor lector, ya que siendo íntegro manejamos mejor nuestras destrezas humanas y espirituales. Sé que esto no es tan sencillo para muchos. Estamos acostumbrados a tener nuestra energía esparcida y distribuida por nuestra vida. En numerosas ocasiones cuando le recomiendo la meditación a alguien he recibido la respuesta "no puedo meditar". Ahora, la única manera de vencer esta barrera es comenzando poco a poco.

Nadie puede comenzar a meditar por mucho

Runas
para toda la vida
Omar Ayala

tiempo si no ha meditado por poco tiempo. La meditación se mide por calidad no por cantidad. Para empezar, todo aquello que respira puede meditar, por lo que no necesariamente se debe meditar solamente sentado en posición de loto, con una almohada, y las manos en el regazo. Meditar o contemplar se puede hacer a través de cualquier acción del ser humano. Le exhorto a que lo practiquen ya que es muy importante que aprendan a meditar caminando, hablando, trabajando, haciendo cualquier cosa. Muchos textos espirituales dicen que cada cosa que el ser humano haga tiene que ser un acto de meditación, y que este es su último fin. Yo concuerdo con esto. El último fin sobre esta Tierra es crear un gran evento divino, y eso lo haremos expresando nuestra divinidad a través de todas las acciones que hacemos.

Runas
para toda la vida
Omar Ayala

Debemos empezar poco a poco. Al principio, mi recomendación es que comiences tu meditación utilizando música. Si pones música puedes sentar parámetros. Al principio comenzando con una canción de 2 minutos y entonces aumentando paulatinamente el tiempo. Increíblemente la sensación de "incomodidad" que les genera la meditación a muchas personas, al tener un parámetro específico de tiempo, desaparece. Una vez más, se trata de calidad, no cantidad. Busca que tu meditación tenga poco a poco los resultados que esperas. Esto es un evento muy poderoso y estoy seguro que podrás encontrar una práctica de meditación para ti. Esto es muy poderoso, y es un tema que probablemente toquemos más adelante.

En fin, leer runas te espiritualiza, despierta tu curiosidad de superación espiritual y te permite aprender

Runas

para toda la vida

Omar Ayala

muchas otras destrezas humanas y espirituales. Una lectura es un evento espiritual, tan igual como unificarte en una meditación y tan igual como utilizar tu cuerpo y tu alma para trabajar siendo uno. Meditar es la destreza base de todo camino espiritual y es muy importante que el lector la domine a consciencia.

Sabiduría.

Un lector de runas debe ser sabio, ahora, esta sabiduría también hay que describirla. Se tiene colectivamente una idea de la sabiduría como una persona que lo sabe todo, usualmente un ermitaño, al cual recurrimos cuando nos falta sabiduría a nosotros. Esta idea está mal en todos los niveles. Comienza analizando que un sabio no sabe todo, porque entonces no tiene nada que hacer en este plano. Saber todo es un fin, no un

Runas

para toda la vida

Omar Ayala

caminar, y no tiene sentido ni siquiera tenerlo como una meta. Un sabio no debe saberlo todo, este debe saber mucho de todo. Es la única manera que es útil y retiene propósito en este plano, saber mucho de todo. Por otro lado, ¿cómo podría un ermitaño ser sabio si este mismo se aleja de las experiencias que traen sabiduría? Un sabio no puede estar sólo ni desear la soledad. Para saber de todo hay que moverse a través de múltiples experiencias. Un sabio es sabio precisamente porque se envuelve y experimenta, porque ve más allá y no siente miedo de hacerlo. Adquiere experiencia y sabiduría de todo porque lo experimenta todo, lo escucha todo, lo lee todo, lo evalúa todo, y por eso también puede hablar de todo, porque todo lo conoce. Incluso, cuando una experiencia es importante pero es potencialmente dañina, el sabio

Runas
para toda la vida
Omar Ayala

tiene la capacidad de experimentarla a través de la experiencia de otro, y es tan igual como si él mismo lo hiciera.

He mencionado antes que cada cosa que experimentamos, cada don que expresamos, nos abre otra brecha que el Universo utiliza para traer personas que pueden beneficiarse de esa destreza. Imagine ahora todo el alcance que un lector adquiere cuando está en el caminar de ser sabio. Es muy importante saber de lo que nos hablan nuestros consultantes. Es nuestro deber conocerlo, y estar siempre investigando y actualizándonos. Personalmente no veo con bueno ojos a lectores y otros practicantes energéticos cuando estos le ofrecen información desactualizada a sus consultantes. A veces, me frustro porque son personas con una tarifa muy alta, y una

Runas
para toda la vida
Omar Ayala

reputación igual de alta que cuidar, y hasta pueden realizar grandes actos con sus capacidades, pero la información en su cabeza está muy atrasada. Eso es una directa falta de respeto a la responsabilidad que ostentan.

Un lector, tiene que estar al día en todo lo que ocurre en el mundo y cómo se está afectando la población local e internacional. Además, este debe estar muy al tanto de cómo el planeta está cambiando y por qué y cómo son los efectos en la ciudadanía. Tiene que tener destrezas en psicología, lingüística, lenguaje no verbal y corporal, economía, nutrición, medicina alopática, medicina natural, herbología, biología, física, teología, historia, pedagogía, debe leer mucho y constantemente acerca de todas las ciencias y estar al tanto de cómo estas se desarrollan, debe conocer las terapias convencionales y

Runas

para toda la vida

Omar Ayala

alternativas, debe conocer los dones espirituales, debe poder manipular la energía, manejar bien el tiempo, poder hacer planes de trabajo individualizados, tener dicción, control de grupos, y sobre todo debe saber dónde encontrar las destrezas que no tenga, ser excelente investigador, disfrutar de la lectura y por más información que adquiera este debe ser humilde.

Siempre exhorto a mis estudiantes, y a mí mismo, que realicen una lista de terapeutas y otros centros, consultorios, etc., que tengan a la disposición diversas herramientas. Por ejemplo, como mencioné, un lector debe tener destrezas en nutrición con las que puede apoyar una lectura y hacer las recomendaciones pertinentes a su consultante (también es muy importante que las utilice para sí mismo, ya que esto apoya su caminar

Runas
para toda la vida
Omar Ayala

y desarrollo como lector). Esta sabiduría en nutrición debe ser lo más actualizada posible y debe nutrirse de varias fuentes. Sin embargo, siempre es bueno que el consultante se dirija a un experto para apoyar su proceso. Aquí es donde entra el directorio de expertos que el lector debe tener. Ya que la información está saliendo de la lectura de runas, es importante que el lector mismo sea quien guíe al consultante a la continuidad de su terapia con la persona correcta. Crear esta lista de disciplinas también conlleva estudiarlas, estudiar el practicante, visitar el centro, etc. Una vez aceptas este proceso te das cuenta de lo mucho que te apoya a ti también, expendes tu conocimiento y conoces practicantes de otras doctrinas. Un lector debe ser un verdadero sabio, aquel que nunca para de aprender y no tiene miedo de aprender, desaprender y volver a

Runas

para toda la vida

Omar Ayala

aprender.

Runas
para toda la vida
Omar Ayala

¿Qué ocurre en una lectura?

Las runas hoy en día siguen siendo un sistema de adivinación. Prácticamente ya no existe utilización alfabética o fonética y estas han evolucionado para estandarizarse. Ya no hay que realizar extensos ritos para su interpretación y con el debido estudio, una lectura se puede producir rápida y efectivamente. En otras palabras, nos encontramos en el mejor momento para la utilización y manejo de esta energía. El factor más importante del presente, es que ahora la energía rúnica se puede utilizar para leer 'el tiempo' directamente. Esto es, leer el exacto presente y sus vertientes. Ya no se requiere indagar sobre hechos futuros únicamente.

Runas
para toda la vida
Omar Ayala

Para que una lectura de runas se dé correctamente se requieren varios factores presentes. Se requiere un lector preparado, la energía que abra el espacio para leer el tiempo, y una intensión o razón/información que se pretende obtener. Existen dos modelos básicos para una lectura. El primer modelo es en el que el lector está haciendo una indagación para sí mismo/sobre sí mismo o acerca de cualquier asunto/hecho externo o interno. En este modelo es el mismo lector quien debe proveer los tres elementos (lectura, energía, intensión). El segundo modelo es en el que el lector está haciendo una indagación para otra persona o personas. En este caso la energía para leer el tiempo así como la intensión se comparten entre ambos.

El compartir energético debe ser guiado por el

Runas
para toda la vida
Omar Ayala

lector. Este lo puede hacer mentalmente o pedirlo directamente al consultante. Igualmente la energía para abrir el espacio en el tiempo debe ser guiada por el lector de manera mental. La intensión, sin embargo, preferiblemente debe ser expresada de manera verbal por el consultante, no importa cuán simple o breve este pueda expresarla. En numerosas ocasiones, una vez abierto este espacio en el tiempo, las runas proveerán información que no ha sido solicitada por nadie verbalmente. Esto ocurre por dos razones; primero, una vez el espacio de lectura del tiempo ocurre, este se conecta con el ser interno del consultante y el lector, obteniendo así información adicional aplicable al caminar del consultante. Segundo, la energía rúnica no es un ente no-pensante; esta es una herramienta viva e inteligente. Nunca habrá lectura que

Runas
para toda la vida
Omar Ayala

no esté bajo la influencia de una energía dirigida por el Orden Divino. Toda información que las runas provean debe ser leída e interpretada por el lector para la consulta, excepto cuando se le indique al lector que no ha de develar algo en específico o el ser interno de este así se lo indique.

Runas
para toda la vida
Omar Ayala

Mejores prácticas para leer

Una lectura se puede generar en cualquier momento y en cualquier lugar. Sin embargo, la calidad de esta se puede ver afectada por elementos externos que se pueden, afortunadamente, controlar. Para honrar el proceso es importante controlar factores externos. Asimismo, también manejamos bien el tiempo, recursos, evitamos contaminación energética, somos efectivos y certeros, discretos, demostramos nuestra espiritualidad y orden, y, sobre todo, le demostramos al Universo lo que estamos haciendo.

Lugar.

Este debe ser, preferiblemente, un espacio abierto

Runas

para toda la vida
Omar Ayala

con elementos de la naturaleza. Puede incluir plantas, tierra, agua en movimiento. Debe proveer el medio para resguardarse de la lluvia y debe NO estar directamente bajo la luz directa del sol. Puede estar transcurrido u ocupado por más personas pero debe proveer suficiente silencio, tanto como para que se escuche un susurro. El lector no debe gritar. Las peores lecturas se darán en ambientes corporativos, ambientes relacionados al concepto generalmente aceptado de la muerte (funerarias, cementerios, hospitales), ambientes dogmatizados (iglesias, templos, excepto aquellos relacionados a dogmas geocentristas como el wicca, ya que estos son los descendientes directos de los antiguos pueblos germánicos de donde nace la energía rúnica), lugares contaminados ambientalmente (o sucios), con exceso de viento,

Runas
para toda la vida
Omar Ayala

incómodos, calurosos o ruidosos, o en donde se estén llevando a cabo eventos muy relacionados a un ambiente humano que no tengan una temática o energía natural (ej. Pubs, discotecas, establecimientos cerrados). El lugar debe proveer espacio para que el lector y el consultante se encuentren sentados. Evite realizar lecturas mientras está parado.

Tiempo.

Cada lectura es individual y única, sin embargo, mantener un portal de lectura abierto por mucho tiempo consume grandes cantidades de energía. Por otro lado, en la realidad en la que vivimos tampoco existen elementos tan amplios como para requerir mucho tiempo en el proceso. Una hora debe ser el tiempo aproximado para cada indagación o grupo de indagaciones. Si la energía

Runas
para toda la vida
Omar Ayala

que se aportará al proceso es diferente, como por ejemplo, que se realizarán indagaciones a diferentes personas, cada persona puede consumir una hora aproximadamente. Si la lectura parece no tener el tiempo suficiente para realizarse es mejor no comenzarla. Cada indagación debe realizarse en su totalidad.

Protección.

Durante todo intercambio energético, tal como una lectura, existe el riesgo de recibir energía contaminada. Seguir las mejores prácticas de una lectura protege al lector, especialmente si el evento ocurre en la naturaleza, en el estado en donde la energía rúnica se manifiesta. En el caso que la lectura no pueda realizarse en el mejor estado, se recomienda colocar una copa o vaso de cristal pequeño con agua, la cual debe programarse mentalmente

Runas

para toda la vida

Omar Ayala

para filtrar todo tipo de energía. Se debe utilizar sólo un envase de agua por consultante y se debe disponer de ella en la grama o en plantas, o en todo caso, por la cañería tradicional inmediatamente después de ser utilizada dando las respectivas gratitudes. Se pueden utilizar otros medios purificadores y/o protectores siempre que estos sean discretos, sencillos, efectivos y reutilizables. Las runas son objetos energéticos sagrados y deben siempre tratarse como tal.

Muchas personas antes de convertirse en lectores de runas ya llevaban una trayectoria de trabajo energético a través de algún tiempo. La pregunta obligada es si pueden realizar otras prácticas de protección que hayan aprendido a través de cualquier otra filosofía. La respuesta siempre es sí. Cada cosa que aprendes se convierte en parte de tu

Runas

para toda la vida

Omar Ayala

sabiduría sobre la cual estas obligado a hacer lo mejor; se convierte en tu camino. Incluso la recomendación de usar una copa o vaso de agua es una práctica que aprendí en el camino de otras facetas del trabajo energético. Es más, todas las prácticas que he añadido a mi práctica de runas provienen de otras filosofías. Leyendo literatura rúnica antigua hay muchas buenas referencias también. Solamente toma encontrar lo que funciona para nosotros y, como mencioné anteriormente deben ser discretos, sencillos, efectivos y reutilizables. Discretos, ya que no debemos hacer un espectáculo de ellos, ni distraer, ni llamar atención innecesaria, especialmente cuando la lectura es al aire libre o con público. Sencillos, ya que deben ser efectivos sin ocupar mucho tiempo, esfuerzo o espacio. Efectivo, ya que debe ser certero y preciso en su

Runas

para toda la vida

Omar Ayala

totalidad. Reutilizable, ya que no queremos estar gastando material. Lo que escojas, debe ser renovable.

Interrupciones.

Toda lectura, sin importar el modelo que siga, debe realizarse libre de interrupciones ya que las interrupciones comprometen la apertura del portal de lectura. Toda situación potencialmente causante de alguna interrupción debe mitigarse previo a la consulta. El uso de celulares o equipos electrónicos altera las energías. Estos deben estar lejos de las lecturas y lejos de las runas en sí, excepto, por supuesto, si dicha lectura se está realizando por estos medios. Durante una lectura no se debe tomar ni beber nada. Los elementos alimenticios dentro del área de lectura NO tienen una utilidad de consumo. Ninguna lectura debe iniciarse si alguna de las partes se encuentra

Runas

para toda la vida

Omar Ayala

bajo los efectos de alguna droga. Aunque en la antigüedad la utilización de yerbas, usualmente para inducir el estado espiritual, fueron utilizadas, en el presente lo mejor es no utilizar estos medios. Puede utilizar todo tipo de agentes FUERA de los cuerpos, ejemplo: vino, incienso, aceites, velas, y otros).

Utilización.

Se puede recomendar una lectura, mas no se puede obligar a esta. Como lectores de alguna 'mancia', podemos recomendar a sus consultas. En ocasiones, nos encontraremos con personas de las cuales podríamos percibir que una lectura sería de un bien a su evolución (incluyéndonos a nosotros mismos). Esto no significa que se debe proveer a toda costa. El acto de realizar una lectura fue, es y será un acto espiritual, sagrado y guiado por el

Runas
para toda la vida
Omar Ayala

Orden Divino. Una lectura no se busca; una lectura se da. No puede ni debe ser forzada. Un lector sólo provee el espacio cuando se le solicita. Un espacio preparado de acuerdo a las mejores prácticas para una lectura. Un lector no es un vendedor de lecturas. Este honra las runas, las estudia, las utiliza, las promueve y se convierte en una herramienta de servicio igual que ellas. Asimismo, no es imperativo llevar en record todo lo interpretado para alguien, excepto cuando lo interpretado tenga una continuidad o plan de trabajo. Depende de la relación entre el lector y el consultante si esto se da. En el caso de planes de trabajo para el consultante recomiendo seguimiento periódico y documentación. Por el contrario, no hay razón para realizar múltiples lecturas o lecturas seguidas por muy poco tiempo entre ellas. Es

Runas

para toda la vida

Omar Ayala

responsabilidad del lector no caer en lecturas sin sentido o innecesarias, o en donde la intensión del consultante no es a favor de la evolución. Es responsabilidad del lector que la lectura provea nueva percepción y/o un plan de trabajo en pro de la evolución del consultante y que este reciba un estado de paz y satisfacción de lo ocurrido. Sólo así, (1) la lectura se considera efectiva, (2) se entiende que se dio bajo la energía del servicio, (3) esta cuenta para el Darma del lector (o buen Karma, por así decirlo). Este último es nuestra paga por el servicio que hemos dado. Nada ocurre sin un intercambio energético y una retribución. Aunque esto sea nuestro acto divino o nuestra misión, estamos siendo retribuidos por ello.

Runas
para toda la vida
Omar Ayala

Creando Runas

Las runas se pueden comprar, regalar y canjear de todas la maneras. No causa ninguna pérdida a su capacidad. En realidad, la capacidad de estas siempre está una vez han sido activadas. Lo que determina la efectividad de la lectura es si estas logran conectarse con el lector. Por lo tanto, la comunicación del lector con las runas previo a adquirirlas es la parte más importante. El tamaño es irrelevante también. Este está realmente relacionado a la utilización de ese juego rúnico. Es decir, si este es muy grande, probablemente se deba utilizar en lecturas controladas y estructuradas, a diferencia de un juego pequeño, que podría ser llevado a todas partes.

Runas

para toda la vida

Omar Ayala

La capacidad de lectura se puede alterar con el material con el que la runa está construida. El lector debe ser un estudioso de estos elementos y debe reconocer cuál juego utilizar en cada momento. La siguiente tabla se deriva enteramente de mi investigación y utilización a través de mi tiempo como practicante.

Material	Capacidad	Utilidad
Hueso	Maestro	Misión
Madera Barro	Principiantes Profesionales	Ideal para todo lector, versatilidad energética
Amatista, Cuarzo blanco	Principiantes Profesionales	Ideal para todo lector, versatilidad energética
Piedras preciosas	Profesionales	Depende de la piedra. Va desde energías fuertes

Runas

para toda la vida

Omar Ayala

ó semi-preciosas		y pesadas hasta energía sutiles.
Metal	Profesionales	Energía pesada. Ideal para lecturas específicas y de corta duración.
Papel	Profesionales	Energía volátil. Ideal para lecturas rápidas y recurrentes.
Caracol Concha	Profesionales	La más sutil de las energías. Recomendable para runas personales.

Las runas maestras, según la tabla, son las runas

Runas

para toda la vida

Omar Ayala

hechas en hueso y esto tiene una explicación muy profunda. Esta es que el total de los que somos es depositado en nuestra sangre cuando encarnamos. No somos cuerpos con alma, somos almas con cuerpo viviendo una experiencia en este plano, creciendo, experimentando y aprendiendo. Un cuerpo ya tiene la mayoría de los elementos que formarán una experiencia de vida debido a la herencia genética y la familia, pero la mayoría de los que seremos cuando encarnamos es depositado por el alma en ese cuerpo en la estructura ósea y, por ende, en la sangre. La sangre es la pluralidad de nuestra esencia eterna energética hecha fluido. El momento para runas de hueso llega al maestro en el momento preciso. Es la energía rúnica la que lleva al proceso cuando el lector está preparado. Demás está decir

Runas
para toda la vida
Omar Ayala

que NO se debe usar sangre o huesos humanos, esto sería antagónico a un proceso espiritual de crecimiento y no guarda relación con la tradición de las runas. Es importante que se realicen con animales, pero tampoco me mal interpreten con un sádico maltratante de la madre naturaleza. Un artesano preparado para crear estas runas es uno con la naturaleza y, siendo uno, honra el proceso como un león honra su presa. La Madre Naturaleza y la Energía Divina lo ungen, le supervisan y le otorgan la autorización.

Para crear runas de elementos naturales como madera, o piedras siempre se debe solicitar la materia prima a la naturaleza también. Se debe establecer el propósito de por qué se solicita y se debe esperar la confirmación de la respuesta. El árbol cuya madera se

Runas

para toda la vida

Omar Ayala

utilice debe ser un árbol que produzca nueces o fruto preferiblemente. Esto se debe a que la forma de estas nueces o frutos se correlaciona con la glándula pineal humana. Esta es la glándula responsable en gran parte de canalizar nuestra esencia espiritual a nuestra materia. Esta se encuentra en el cerebro y existe extensa información que debería, como lector, investigar ya que esta juega un papel importante en su desarrollo. En el caso de las piedras, o concha y caracol, estas se solicitan, y luego que se reciba confirmación debemos ser guiados por la energía para su selección.

Las runas pueden tener cualquier forma pero esta debe permitirnos colocar la runa en cualquier de las posiciones: derecha o invertida. Es por esto que se recomienda la utilización de la forma ovalada o

Runas

para toda la vida

Omar Ayala

rectangular, de manera que el lector o el consultante pueda detectar su forma con el tacto pero que a su vez no pueda detectar si la runa saldrá invertida o en su significado regular. Un tamaño ideal para cada runa en un conjunto pequeño no puede sobrepasar las 2 pulgadas de alto. El grosor del material debe estar preferiblemente entre un cuarto y media pulgada. La runa debe tener peso si no será para uso personal y debe sentirse firme. La parte trasera debe ser lo más plana posible para así evitar que la runa se voltee, que su signo no se distinga claramente o que se mueva fuera del área de lectura. Estos conjuntos deben colocarse en una funda de tela o cuero lo suficientemente grande como para que se pueda introducir una mano o en todo caso varios dedos. Mientras se moldea la materia prima la intensión en la

Runas

para toda la vida

Omar Ayala

mente debe ser en todo momento la de comunión con el proceso de crear runas. Debe ser una actitud de humildad, responsabilidad y propósito. Una vez la materia prima esta moldeada, toda runa se activa meditando sobre ella y mencionando su nombre mientras se hace la inscripción. En la antigüedad la inscripción se realizaba en rojo con pigmento de plantas o con sangre. Hoy día puede realizarse con cualquier medio de marcador permanente y se recomienda NO utilizar sangre humana. Todo conjunto de runas se mantendrá activado una vez se realice la meditación recitando su nombre y debe ser tratado como un objeto sagrado. Su almacenamiento debe ser de acuerdo a este hecho, preferiblemente cerca de plantas o elementos naturales, o madera, altares o lugares preparados para el almacenamiento de estos objetos. No

Runas

para toda la vida

Omar Ayala

debe mezclar los juegos de runas con cualquier otro objeto, a no ser estos objetos o símbolos sagrados.

Runas

para toda la vida

Omar Ayala

Significados

Un lector, en su educación, debe también leer diferentes libros de runas. De esta manera puede ir creando su propia experiencia alrededor de la sabiduría que existe. También es importante que actualice su tradición individual con lo que otros están haciendo. Recuerden que lo que estamos haciendo ahora con las runas se distancia bastante con lo que originalmente se hacía. Esto no está mal, sencillamente ahora estamos en otro presente. Ahora, lo más importante que puede recibir de la literatura es significados para los símbolos. Mientras más significados un lector tenga documentados, mejor serán sus lecturas, y más interpretaciones pueden generar.

Runas
para toda la vida
Omar Ayala

Léalas en todos los idiomas que pueda y deje que la energía de las runas le guie a libros relacionados ya que no todos son buenos. No estaré desglosando una tabla grande de significados aquí. A mi entender, he desglosado información más importante en este libro, pero si estaré comentando sobre las runas que comúnmente se leen y de las que he hecho una carrera para toda mi vida.

Existen varios alfabetos de runas, siendo el más comúnmente leído el 'Elder Futhark'. He visto que también leen el Anglo-Saxon Futhork y el Younger Futhark, pero no puedo dar referencia directa. A mi entender, el Elder Futhark con sus 24 símbolos es más que suficiente para consultar. Exploremos un poco acerca de este.

Elder Futhark.

Runas

para toda la vida

Omar Ayala

Su nombre Futhark se deriva del sonido fonético de las primeras runas y consiste en 24 runas. Cada símbolo se deriva de una figura de la naturaleza o de alguna rama de la vida o del mundo mental. De estos 24 símbolos aproximadamente 15 tienen dos significados. Esto es que tienen una definición diferente de acuerdo a si en la consulta salen al derecho o al revés (invertida) de la posición en que se está leyendo. Existe una vigesimoquinta runa, que fue introducida por Ralph Blum en su libro The Book of Runes en 1983. Cada cosa que un estudioso o practicante de runas publica causa grandes críticas y tiene un efecto en la población practicante. Si decides incluir esta runa en blanco en tus lecturas y en tus juegos de runas es una decisión que debes tomar. Yo sí he decidido usarla desde el principio y me ha sido

Runas
para toda la vida
Omar Ayala

esencialmente importante para realizar lecturas leyendo 'el tiempo'. Si me preguntan, yo sí apoyo la runa en blanco, aunque no le doy un significado per se. A mí me parece una especie de puntero que se puede usar muy efectivamente en las lecturas.

Igualmente, a través de toda la literatura rúnica se proveen varios significados de los símbolos de las runas. Es muy importante leer mucho y comenzar a hacer una colección de significados. Con esto lo que logramos es aumentar nuestra capacidad interpretativa. Somos la voz del oráculo, y no tendríamos las palabras si no entendemos los símbolos. Cada runa representa un estado de la naturaleza o un estado de la vida humana. Esto se debe a que el ser humano pertenece al planeta Tierra. Todo lo que ha sido puesto aquí, incluyendo la raza

Runas

para toda la vida

Omar Ayala

humana, pertenece a este lugar, y sus respectivos caminos de vida y evolutivos se encuentran en este espacio y tiempo aquí. Una runa significa todos los estados de la energía: físico, mental, espiritual, multi-dimensional, y estamos sujetos a entenderlos, explicarlos y conocerlos todos.

No apoyo los "lectores" que no conocen los significados del oráculo que dicen utilizar. Me parece que es un acto de vagancia y mediocridad que alguien realice consultas de esta manera. Igualmente le recomiendo que no se consulte con estas personas. Estas personas deberían darle el espacio a sus dones, de tener alguno, para desarrollarse ya que la intuición solamente no es una lectura. Un verdadero lector es un estudioso de su oráculo. Ese un trabajo que no debe detenerse nunca. En mi camino siempre me encuentro con un libro nuevo que

Runas

para toda la vida

Omar Ayala

leer y más significados que incluir. Un lector de runas es un excelente estudiante. A continuación no explicaré, sin embargo, más bien quiero describir la runa. (Los nombres pueden variar y esto es perfectamente normal. También, dicho sea de paso, un lector debe conocerlos todos)

Runas

para toda la vida

Omar Ayala

FEHU / FEOH

Prosperidad / Riqueza

Esta runa representa la riqueza y la prosperidad. Su símbolo probablemente muestra los cuernos de algún tipo de animal. Aunque cada runa representa un estado natural o fase de la vida humana, es a través de los ojos antiguos y su forma de ver la vida. En aquel entonces poseer ganado era símbolo de riqueza. Además, en una sociedad en donde el uso de monedas era prácticamente nulo, el estatus social familiar se determinaba con las pertenencias materiales de esta. Tener ganado significaba tener elementos de canjeo; significaba tener poder.

Runas

para toda la vida

Omar Ayala

Asimismo esta runa llega a las lecturas para representar todo lo relacionado a las finanzas. Créame, esto es uno de los temas más solicitados en una lectura por lo que es importante adquirir destrezas para interpretar esta runa y las que la acompañen. Cuando no está representando cosas físicas, ésta usualmente representa situaciones de poder, muestra el desarrollo de la consulta y debe ser interpretada de acuerdo eso. Esta runa, además, tiene una función invertida. Si sale al revés en una lectura es responsabilidad del lector darle su significado propiamente, totalmente opuesto o negativamente a la consulta. Por ejemplo, si la consulta es cómo será la prosperidad de un negocio y la runa sale invertida, el lector puede interpretar que no está muy bien aspectado.

Runas

para toda la vida

Omar Ayala

URZ / URUZ

Fuerza

Esta runa representa al uro, una especie de rumiante o bovino, ahora extinto, que habitó áreas de Europa y Asia entre otros. Obviamente esta especie fue importante en el desarrollo de las civilizaciones nórdicas. Por su tamaño y utilidad, el uro representa la fuerza. Esta es la runa de la fuerza; esa es su interpretación. Por lo general siempre es una runa que ayuda mucho a explicar las que le rodean. Soy fiel creyente que no todos los símbolos en un oráculo están para ser interpretados. Algunos existen para que podamos interpretar otros y/o

Runas
para toda la vida
Omar Ayala

darles significado a otros en el mismo juego. En mi carrera he visto como estas runas de ayuda emergen para este propósito y ésta es una de ellas. Asimismo he visto cuando la runa de fuerza actúa sola. Todo siempre de acuerdo a la consulta y la cantidad de runas que se usen para ella. Es una runa muy versátil a la hora de interpretar todos los niveles de existencia: físico, mental, espiritual, multidimensional, ya que el concepto de la fuerza existe en todos estos niveles. Otro factor interesante de esta runa es la explicación de su reverso. Aún más interesante cuando el lector lo interpreta a todos los niveles existenciales de acuerdo a la consulta.

Runas

para toda la vida

Omar Ayala

THORN / THURIGSAZ

Oportunidad / Puerta

Esta runa debe ser estudiada cuidadosamente por cada lector de runas. Esto se debe a que su significado suele variar a través de la literatura. He visto y he leído de todo, desde significados que le dan un excesivo significado positivo hasta aquellos que la tachan de runa de mal augurio. Como les indiqué, es importante leer y almacenar muchos significados de manera que podamos hacer muchas más interpretaciones. Es igual de importante en este caso. Nada es casualidad y si la runa tiene muchos significados, una razón debe tener. Esta runa representa al

Runas
para toda la vida
Omar Ayala

gigante. Cuando lean un poco de la mitología nórdica, verán que estos curiosos personajes son eje central de muchas historias importantes. Más curioso es que en un juego de 24 runas que representan la naturaleza y la vida exista una runa que represente algo que por lo general no encontramos "real". Hay literatura que afirma que en realidad representa el martillo de Thor, también de la mitología nórdica. También tiene un reverso, lo cual complicaría un poco las cosas partiendo del punto del multi-significado. Mi recomendación, estúdiela, de manera que siempre sepa lo que la runa está diciendo. Conviértase en la voz de todos sus significados. Otro dato curioso de esta runa es que es la precursora de la fonética "th" en inglés. Las lenguas Nórdicas anteceden muchas lenguas de hoy, y este símbolo poco le faltó para pertenecer a nuestro

Runas

para toda la vida

Omar Ayala

alfabeto.

Runas
para toda la vida
Omar Ayala

ANSUZ / ANSUR

Palabra

La runa de la palabra; la voz. Siempre me hace pensar que estas 24 runas representan las cosas más importantes de la vida nórdica y 'la palabra' resulta ser una de ellas. También vista como la boca que emite esta palabra, esta runa posa como única representante de Odin. Odin es la figura central en la mitología nórdica y también lo es en las runas. Por representar la palabra esta runa tiene que ver con todo lo que son comunicaciones. Igualmente puede representarlas en todos los niveles existenciales que he mencionado anteriormente por lo que

Runas
para toda la vida
Omar Ayala

puede ser cartas, casos legales, llamadas, mensajes de la intuición o del más allá y otros. Es una runa especial ya que representa un oráculo dentro de un oráculo. No ha habido un momento dentro de mi carrera como lector en donde no me parezca claro su significado dentro de una consulta particular, incluso cuando se presenta invertida. En este caso incluí una representación adicional de esta runa. Esto se debe a que hay algunas runas, como esta, que en ocasiones son representadas como su contraparte en el juego anglosajón. Un lector debe estar preparado para reconocer cualquier runa mezclada con el Elder Futhark. Por mi parte tengo juegos de runas mezclados y otros que no. La energía es la misma. La mezcla es resultado de puro sincretismo a través de la historia.

Runas

para toda la vida

Omar Ayala

RAD / RAIDO

Viaje

Existen dos runas que simbolizan movimiento y esta es una de ellas. Viajar, era parte integral de la cultura nórdica y un atributo de los guerreros y comerciantes entre otros. Ahora, la runa no sólo simbolizaría que el consultante estaría incurriendo en un viaje. Eso sólo corresponde a un significado a nivel físico. Un lector debe poder extrapolar su significado a todas las facetas de la vida humana. Por lo general, a diferencia de la otra runa que tiene que ver con movimiento, Rad trata de asuntos energéticos o espirituales. A través de mi carrera cuando

Runas

para toda la vida

Omar Ayala

Rad se presenta el movimiento del cual habla es energético. A menudo también ocurre que sus temas son plenamente espirituales. Es importante que un juego de runas de 24 símbolos existan símbolos que traten sobre estos temas. No vivimos una vida localizada ni físicamente ni mentalmente. Lo que se no se mueve se estanca. Por tal razón tiene significado invertido esta runa, particularmente importante para atender estos estancamientos efectivamente en esta lectura.

Runas
para toda la vida
Omar Ayala

KEN / KANO / KENAZ

Fuego / Luz

La representante del elemento del fuego y por ende de la luz, esta runa carga una responsabilidad muy grande al representar uno de los elementos más importantes de la vida nórdica. Obviamente producir calor y luz prácticamente de la nada es una destreza con una profundidad increíble para la vida que significaba estar en armonía con la naturaleza. Francamente por más que leo, no encuentro brutalidad en la vida nórdica, y me parece que mucha historia en realidad esta exagerada y viciada por quien la escribía. Una civilización que tiene que

Runas

para toda la vida

Omar Ayala

aprender a estar en armonía con la naturaleza y defenderse de ella a la vez esta supuesta a ser muy rústica. Esta runa tiene basta literatura dedicada debido a las implicaciones que tiene sobre nuestra vida el concepto de la luz. Más importante aún son las implicaciones que tienen esta iluminación u oscuridad en la runa invertida, sobre la consulta.

GEBO / GYFU

Unión / Regalo

Viendo en orden el Elder Futhark esta runa es la primera que no tiene reverso. Cuando la runa no tiene un significado cuando está invertida requiere destreza y experiencia su interpretación, ya que está sujeta a combinarse con las runas que la acompañan y de acuerdo a la consulta. Esta runa representa todo aquello que tiene que ver con uniones. Hay una clara tendencia a representar situaciones de parejas, familias, compañeros de trabajo, etc. He encontrado esto particularmente útil para toda consulta moderna. Las relaciones son una de las

Runas
para toda la vida
Omar Ayala

situaciones más consultadas por las masas. Asimismo esta runa se envuelve en todo lo relacionado a recibir. A través de mucha literatura le dan el significado de regalo. Me he encontrado con este tipo de interpretaciones en mi carrera pero aun así siempre me ha parecido que esta runa también es una runa de apoyo que estando sola no podría aportar mucho.

Runas
para toda la vida
Omar Ayala

WUNJO / WIN

Armonía

La runa de la armonía. Esta runa representa las energías relacionadas a un estado balanceado sobre la consulta. Si pensamos objetivamente, la inmensa mayoría de las consultas que nos solicitan se fundamentan en que existe una desarmonía en algún tema en la vida. En mi experiencia muy pocas consultas se realizan cuando las personas están perfectamente bien. Sentirnos bien en las facetas de nuestras vidas es la parte más esencial de vivir y a lo que sentimos que tenemos derecho. Una clara desarmonía lanza nuestra estabilidad o aquella relacionada

Runas
para toda la vida
Omar Ayala

a alguna situación de vida particular a un estado enfermizo y triste. Esta runa y su posición invertida son esenciales para poder describir bien lo que estamos interpretando. Para mí, ésta también es una runa de apoyo, aunque existen muchos elementos de su significado que pueden funcionar individualmente.

Runas

para toda la vida

Omar Ayala

HAEGL / HAGALAZ

Granizo

El granizo es un evento interesante de la naturaleza y puede llegar a ser uno muy destructivo. Aunque podríamos pensar que es algo que se produce en regiones muy frías, en realidad, es posible que ocurra prácticamente en cualquier región del mundo. En Puerto Rico ha sucedido en varias ocasiones, y es una isla con un clima completamente tropical. Ahora bien, este evento luce un poco más frecuente en la época de los pueblos nórdicos. Una vida que depende completamente de la naturaleza, tal como vivían estos pueblos, se veía muy afectada por los

Runas

para toda la vida

Omar Ayala

daños que pudiera causar el granizo. Ahora, igual que otros pueblos antiguos, esto no necesariamente es motivo de destrucción. Muchos de estos pueblos han demostrado una adaptación impresionante a estos eventos, y exactamente ese es el simbolismo de esta runa. Sí es una runa que mueve los cimientos de la vida; sí es una runa que se puede considerar destructiva. Ahora, estoy seguro por lo que he vivido que es una runa muy necesaria en la vida. Un lector debe manejar todas las energías de las runas sin ningún tipo de temor, y debe poder guiar a su consultante a través de la aparente destrucción a la transformación.

Runas
para toda la vida
Omar Ayala

NAUTHIZ / NIED / NEED

Necesidad

Otra runa que para muchos es considerada negativa. Esta vez se trata de necesidades, aunque no sólo aparece para presentar estas. Esta es una runa un poco difícil de explicar en una consulta y definitivamente hay que estudiar cada caso. Muy versátil en su energía, en mi carrera la he visto también representar conflictos internos y cómo estos progresan a través de las circunstancias al exterior. La mejor técnica para trabajar con la interpretación de runas como esta es formular la pregunta correctamente. Es decir, generar tiradas especificas una vez

Runas
para toda la vida
Omar Ayala

se identifica esta runa. Escudriñar el propósito de su llegada. Es erróneo como lector decirle al consultante "usted tiene necesidades" sólo porque esta runa se presenta. Es responsabilidad del lector investigar con tiradas adicionales. Además, nada sobre las runas está supuesto a ser una calle sin salida. No ganamos nada para nuestra evolución o crecimiento personal si nuestro consultante no tiene alternativas para progresar también. Alguna literatura apunta a que la forma de la runa se deriva de dos ramas con las que se intenta generar fuego. En su contraparte anglosajón la runa carece de simetría por lo que existe literatura que habla de su posición invertida.

Runas
para toda la vida
Omar Ayala

ISA / IS

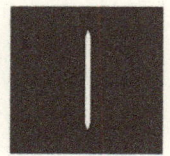

Hielo

Esta runa representa al hielo y básicamente sigue la línea tétrica que venimos viendo desde Hagalaz. Como he mencionado antes, es importante que este tipo de runas existan y que seamos capaces de honrarlas e integrarlas a las consultas. No todos los aspectos de la vida son estrictamente positivos y este oráculo está equipado para trabajar con todo tipo de circunstancias. Esta runa me ha sido particularmente importante para determinar el estatus de las consultas ya que es un excelente indicador de la corriente energética. Una energía que está en

Runas

para toda la vida

Omar Ayala

movimiento jamás provocaría presentar a ISA. El invierno en la época de los pueblos nórdicos no era cosa para jugar. El hielo, es una parte de la vida para la cual requerimos preparación. Lograr alcanzar el movimiento perdido es haber sacado la evolución que nos tocaba. Como verán, la mezcla adecuada entre las runas denominadas como "positivas" y las "negativas" es la clave para poder describir adecuadamente la consulta y establecer un plan de trabajo adecuado.

Runas

para toda la vida

Omar Ayala

GER / JERA

Cosecha

Esta runa representa algo más que la cosecha. Cosechar es recoger algo que ya sembramos, en el momento en donde ya está preparado para ser recogido. Sin embargo, si aplicamos eso a cómo funciona el Universo, se refiere a la energía que recibimos igual que a la que dimos. Esta runa sin lugar a dudas representa una de las leyes Universales: la Ley de Causa y Efecto (comúnmente conocida como la Ley de Atracción). Esta es la prueba de que las runas están atadas con todo lo demás que ya conocemos, y eso es importante. He conocido, y

Runas

para toda la vida

Omar Ayala

consultado, personas que se confunden porque no pueden interconectar diferentes doctrinas a las cuales se sienten atraídos. Con las runas no es así. A través de los significados podemos ver como se relacionan con toda doctrina o filosofía. Al representar la Ley de Causa y Efecto esta runa aparece cuando existen karmas, aprendizajes particulares, y puede ayudar a denotar el tiempo de los procesos. Su contraparte anglosajón es un poco diferente en su forma y es importante poderla utilizar en ambas formas.

Runas
para toda la vida
Omar Ayala

EWOH / EIHUAZ / EIHWAZ

Defensa

El árbol de tejo. Es muy interesante como en los poemas rúnicos que los pueblos nórdicos nos dejaron existen prosas muy hermosas describiendo este árbol y sus propiedades. Incluso probablemente muchos juegos de runas eran creados con este. Una runa muy positiva por lo general, siempre aparece para representar seguridad y trata mucho sobre el estado de protección de la consulta. En mi experiencia siempre he visto que la propiedad de defensa de esta runa tiene más que ver con su aspecto físico. El aspecto de defensa energética o espiritual lo he visto

Runas
para toda la vida
Omar Ayala

atribuido a otra runa. Aun así es muy buen augurio y es una runa muy positiva para usar como talismán o ponerla en nuestras pertenencias y propiedades para incluir su protección. Tiene un significado muy profundo que debe ser estudiado cuidadosamente.

Runas

para toda la vida

Omar Ayala

PERTH / PERTHRO

Iniciación / Misterio / Oscuridad

En mis cursos de runas describo esta como la 'oveja negra' del juego. Es que esta runa es la que carga la energía más extraña de todas. Esta es una energía muy misteriosa, mística y esotérica. Con esto representa en las consultas todos los aspectos energéticos. Es una pieza clave para identificar la contaminación energética de toda índole. Quiero hacer hincapié en esto ya que también es posible identificar la influencia de desencarnados, trabajos espirituales, fallas en la estructura de la energía, así como influencias de seres de luz y ángeles, dones, y otros. La

Runas
para toda la vida
Omar Ayala

influencia de esta runa y su versión invertida sobre una consulta son impresionantes y no deben ser pasadas por alto. Es única en su clase entre las veinticuatro y se merece esa honra. En la literatura poética nórdica hay disparidad en su significado ya que este no aparece directamente e incluso podría confundirse con un simple juego de mesa. Existen otras referencias que la asocian con Las Nornas, seres espirituales femeninos que tejían el tiempo y el espacio.

EOLH / ALGIZ / ELHAZ

Protección / Espiritualidad

Esta runa representa al alce y es la runa de la espiritualidad. Esta es la runa que tiene que ver con la protección energética o espiritual y puede ser utilizada con estos fines independientemente. Es una runa con una energía de muy alta vibración y dado su representación recomiendo mucho que se medite sobre ella. En diferentes referencias también dicen que podría representar al ser humano y que podría tener una similitud con una persona extendiendo sus manos al cielo. En mi experiencia esta se presenta para todo lo relacionado al aspecto espiritual de

Runas

para toda la vida

Omar Ayala

la consulta y he visto como no aparece con todo el mundo. No todo el mundo descansa en el buen lado del mundo espiritual. Hay personas que lo llevan peleando. Indudablemente por esto es que esta runa tiene su rol como invertida. En alguna literatura explican cómo los cuernos del alce apuntan a los cielos, fuente de toda espiritualidad.

SOWELO / SIGEL

Victoria / Sol / Totalidad

Esta runa representa al sol. Al igual que muchas tradiciones antiguas, la representación solar es muy positiva y/o brinda una energía única en el presente. En las runas es igual. Este es el perfecto ejemplo de ejercer el balance cuando estamos sobre energía positiva, ya que su euforia podría lanzarnos fuera de balance cuando estamos desenfocados o no estamos preparados. Es una interesante runa para ayudarnos a interpretar la consulta y como es/fue el movimiento de energía. También he encontrado útil esta energía para impactar el progreso positivamente e

Runas

para toda la vida

Omar Ayala

incitar a un buen desenlace. Para el lector también es importante entender que las energías no son "buenas" o "malas" sino que son una vibración o frecuencia y está de la mano de quien la evoca si fue para el bien y la evolución o si fue para la destrucción e involución. Esta runa, por ejemplo, fue usada por el régimen nazi para sus insignias, aun cuando generalmente es considerada positiva. Asimismo estamos influenciados por las runas todos los días. Aun en el presente, logos de corporaciones las usan, productos y hasta tecnología moderna usan su simbología y energías para lanzarlas a las masas para sus propósitos. Los ejemplos más comunes que puedo nombrar: la tecnología "bluetooth", el "Chi Ro" de la iglesia católica que aunque se alega es griego hay literatura que sugiere (y claramente parece) que es rúnico, y la Vara de Esculapio,

Runas

para toda la vida

Omar Ayala

la cual es dibujada sobre la runa Hagal.

Runas
para toda la vida
Omar Ayala

TYR / TIWAZ

El guerrero espiritual / Sacrificio

Hay varias runas que en diferentes literaturas se dice que representan a personajes de la mitología nórdica. Ahora, ninguno como Tyr, que en efecto esta runa lleva su nombre. Representante de la guerra en la mitología, esta runa es una runa que representa todo tipo de peleas y batallas. Particularmente interesante cuando nos ayuda a describirle al consultante su proceso. En este tipo de encarnaciones siempre estamos a los pies de un nuevo reto; siempre estamos a los pies de una nueva batalla. Es importante que veamos y entendamos nuestro rol en ellas,

Runas

para toda la vida

Omar Ayala

ya que es allí donde se encuentra nuestra evolución en el proceso. También representa el sacrificio. No se deje engañar por conceptos cuasi modernos de lo que el sacrificio es, ya que estos lo pintan muy atado al sufrimiento. En realidad el sacrificio es un acto de transformación consciente y en nada tiene que ver con pena. Seguramente envuelve diversos sentimientos, pero cada uno tiene un propósito para apoyar esta transformación.

BERRANA / BEORC / BERKANO

Crecimiento / Nacimiento

Runa con energía muy expansiva, representando al árbol de Abedul. Trata de todo aquello que simboliza sembrar, poner cimientos, comenzar. Si se fijan, en el juego hay runas para cada etapa en la vida. Runas que comienzan, runas que mueven, runas que terminan. A esta runa le toca hablar de todo lo que es comenzar, nacer, sembrar. Esa primera energía base de todas las circunstancias que se le consulten. Para mí ha sido muy impresionante que con un juego tan pequeño se pueda sacar tanta información. En el tarot hay 78 cartas y la

Runas

para toda la vida

Omar Ayala

mayoría de las personas que conozco que lo utilizan también le dan significados a las cartas invertidas, sin embargo, todos reniegan que les es muy difícil aprender e interpretar los significados. Yo también traté de ser tarotista pero por supuesto que no fui exitoso. En las runas habría que tener referencia de algunos 50 significados, y créame, es más que suficiente.

Runas
para toda la vida
Omar Ayala

EH-EOH / EHWAZ

Movimiento

Esta runa es la segunda y última runa que significa movimiento directamente. A diferencia de su contraparte, Raido, esta runa sí trata por lo general de movimiento a nivel físico y mundano. La literatura la representa con el caballo y en ocasiones con la carreta. A través de nuestra vida siempre estamos explorando nuevas cosas y moviéndonos de una cosa a otra. He aquí la importancia de esta runa para determinar estos movimientos. Aun a estas alturas recibo muchas lecturas relacionadas a cambios de trabajo, pareja, hogar, y hasta de país. La

Runas

para toda la vida

Omar Ayala

versatilidad de esta runa para estos casos es impresionante. Es curioso como en tiempos recientes es mucho más obvio el movimiento en nuestras vidas, tomando en cuenta que las personas trabajan, se mudan, se relacionan a distancia, mas las runas fueron creadas hace miles de años, en donde podríamos pensar que las vidas eran más localizadas.

Runas
para toda la vida
Omar Ayala

MANNAZ / MAN

El Yo Superior / Humanidad / Hombre

Esta runa representa al hombre/masculino. Tiene profundos significados debido a esto. Le toca también representar a la raza humana, y le toca representar el yo superior o yo interno, y la superación. Hay que ser hábil para identificarla en las lecturas ya que ésta pudiera estar representando un hombre per se. Cuando comenzaba a estudiar las runas pensaba que no existía representación hombre-mujer en el juego, y que sería entonces difícil identificar circunstancias directamente relacionadas de esa manera. Para mi sorpresa y entendimiento es posible

Runas

para toda la vida

Omar Ayala

identificar estas circunstancias gracias a esta runa. La figura masculina está muy ligada al progreso de esta raza. La profundidad del significado de esta runa es muy valiosa para el lector.

Runas

para toda la vida

Omar Ayala

LAGU / LAGUZ

Agua / Mundo inconsciente / Mujer

Esta runa es representada por el agua, y también representa a la mujer/femenino. Igual que la runa Mannaz, Lagu pudiera representar una mujer per se en cualquier lectura. Al presentar la misma alteración que Mannaz en ese sentido también hay que tener cuidado con ella ya que hay que interpretar propiamente de lo que se trata cuando esta aparece. Esta también representa el mundo mental, en donde mejor la he visto desempeñarse. Estados de ánimo son representados por ella, por lo general aquellos que tienen que ver con mucho

Runas

para toda la vida

Omar Ayala

pensamiento. Esta runa gobierna el mundo de las ideas. Invertida se puede considerar una runa peligrosa. La literatura, le atribuye todas las características del agua que representa. El agua puede ser clara e hidratante, pero también puede ser una fuerza destructiva.

Runas

para toda la vida

Omar Ayala

ING / INGUS / INGWAZ

 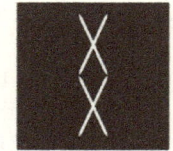

Evolución / Semilla

Esta runa también requiere mucho estudio ya que existen diversos significados a través de la literatura. Hay escritos que la representan como la semilla, trayendo energía muy positiva a la consulta, hay escritos que le otorgan un significado de completar, como cuando una semilla ya se transformó en árbol, y hay escritos que la personifican como otro dios de la mitología nórdica. Esta runa, sobre todas, podría tener las conexiones mayores a todas las doctrinas y culturas del mundo. Me ha resultado muy interesante como es vinculada con doctrinas indias,

Runas

para toda la vida

Omar Ayala

cristianas, indígenas, y judías entre otras. Para mis consultas, sin embargo, siempre vi que representaba la culminación de ciclos y ese momento en donde debemos recoger nuestro aprendizaje y prepararnos para lo próximo. Probablemente fue porque ese fue el primer significado que tuve de ella en mis manos.

Runas

para toda la vida

Omar Ayala

DAEG / DAGAS / DAGAZ

Día / Transformación

La runa de la transformación representada por el día. Esta runa trae la consigna de que con el amanecer la noche desaparece y un nuevo propósito llega. Es una runa un tanto difícil de interpretar ya que tampoco se vale por sí misma para traer la idea que representa. La literatura es diversa y sin duda alguna el lector termina con un diccionario para ella. La representan también con el amanecer y sus nuevos comienzos, así también como con el despertar de la consciencia. En otros casos le dan un aspecto de guerrera, cuando tiene la luz en sus manos para

Runas

para toda la vida

Omar Ayala

finalizar una batalla o ciclo. En fin, es una runa de mucha consciencia, despertar y movimiento y utilización de ideas.

Runas

para toda la vida

Omar Ayala

OTHEL / OTHILA / OTHALA

Herencia / Familia

Esta runa representa la familia. En la antigüedad, la herencia familiar determinaba todo en la vida de las personas. Saber de qué familia habías nacido determinaba hasta la calidad de la comida que tendrás en tu mesa. Sin duda alguna este concepto poco a poco se ha ido aboliendo, ya que en el futuro seremos todos partes de la familia del planeta Tierra. Siendo así, esta runa representa todo el aspecto familiar de la consulta. Si esta runa está presente es responsabilidad del lector investigar cómo ese lazo familiar afecta la lectura. Hay muchos consultantes

Runas

para toda la vida

Omar Ayala

que preguntan por la situación familiar a menudo. También ocurre que la situación familiar es el enfoque que debe haber para cualquier movimiento de vida, y el consultante lo ignora. Desde siempre la familia es el factor más determinante de tu evolución. Runas como esta y su versión inversa son importantes para entenderlo. Es una energía poderosa por esto. Sin duda alguna fue esta la razón de que se utilice mucho esta runa en logos de compañías modernas y en lo que fue el movimiento nazi.

Runas

para toda la vida

Omar Ayala

WYRD / ODIN

El debate de la runa en blanco o runa sin símbolo es largo y tendido. Yo apoyo el debate sensato, intelectual y espiritual basado en el respeto. De hecho, en cualquier área de discusión de cualquier tema de la vida esa será mi postura. Tristemente muchas personas piensan que no se puede debatir sin atacar. Esa es una forma muy inmadura y poco evolucionada de pensar. Además, la tradición de las runas es menos conocida que otros oráculos. En mi país, aun después de más de diez años leyendo, tengo que siempre comenzar a explicarle a mi consultante lo que las runas son. Es nuestra responsabilidad darle la seriedad

Runas
para toda la vida
Omar Ayala

que se merece a la discusión.

Como indiqué anteriormente yo apoyo la runa en blanco. Esto se debe completamente a mi experiencia; a mi carrera. Cada lector tiene su camino que recorrer, y este fue el mío. No supe que la runa en blanco no existió originalmente hasta algunos años ya entrado en mi carrera. Fue cuando saque el mayor tiempo para investigación y para desarrollarme más que lo descubrí. Mi primer juego de runas esta hecho en cuarzo rosa, e incluye la runa en blanco. Aprendí a leer con ella. Ahora, la mayoría de las personas que la utilizan, la describen como la runa del destino. En mi experiencia, ese significado ha sido más amplio de lo que parece. En mi experiencia, esa runa ha sido un "puntero" del tiempo. Definamos entonces lo que 'el tiempo' es.

Runas

para toda la vida

Omar Ayala

Mucho se habla en la ciencia tradicional del tiempo y el espacio. Para la ciencia, el espacio son dimensiones o lugares que existen. El tiempo, por su parte, es un movimiento o desarrollo que ocurre sobre los objetos que existen allí. Para efectos cósmicos, el tiempo y el espacio son la misma cosa. El tiempo, es un conjunto de energías que contienen millones de reglas, seres, objetos, y otros, que conforman lo que podríamos denominar como un lugar. Tiene una definición muy similar a la que tiene el espacio en la ciencia tradicional. Ahora, este tiempo contiene todos los elementos que requiere para funcionar y proveer un propósito a lo que existe. Asimismo contiene y registra todo lo que pasa. El espacio, para efectos cósmicos, tiene una definición similar a la que la ciencia otorga al tiempo. Es un 'pasar', un movimiento espacial

Runas
para toda la vida
Omar Ayala

que le da una apariencia de desarrollo y transformación a las cosas que tiene contenidas.

Esto es como un teatro. El escenario y la localidad con todo lo que hay en escena es el tiempo. Ha provisto todos los elementos, libreto y un lugar en donde desarrollar. El desarrollo de la obra le podemos llamar espacio. Los actores o aprendices juegan dentro de todos los elementos y van ejerciendo el papel que les toca poco a poco, a su manera y a su paso. Ya que el tiempo nos ha provisto de todo, porque todo lo contiene, podemos decir que se puede leer el tiempo. Un lector de runas moderno, a diferencia de uno en la época (tiempo) nórdica, debe leer el tiempo, o sea, sacar la información que busca de la misma fabrica con la que está construida la Creación. Esto tiene serias implicaciones. Si toda la información que

Runas

para toda la vida

Omar Ayala

estamos buscando se está creando y a su vez almacenando en la misma energía que nos crea día a día, entonces, esto puede ser muy abrumador para el lector. Sin importar su capacidad psíquica, imagínese verse inundado por tanta información más allá de su comprensión. Para entender cómo podemos trabajar con esto hay que explicar dos conceptos adicionales.

Primero, el espacio, ese aparente desarrollo y transformación de las cosas, es una ilusión; y una bastante convincente debo añadir. Creemos que el tiempo pasa porque nos ponemos ancianos y porque podemos recordar y narrar eventos que ya vivimos. El planeta rota alrededor del sol dándonos una idea falsa de que algo está "pasando" cuando en realidad todos estos ciclos nos crean una idea de algo que no existe. El pasado, el presente y el

Runas
para toda la vida
Omar Ayala

futuro no existen. Son una creación nuestra; una de muchas perspectivas de cómo podríamos ver las cosas. Con esta ilusión la raza humana ha creado vidas y reglas. Le ha otorgado el valor que ha querido a estos ciclos y se los ha vendido a la gente que los compra ignorantemente. Un lector no está leyendo el pasado como algo que ya pasó, el presente como algo que está pasando, o el futuro como lo que pasará. Yo particularmente detesto que me soliciten una lectura para saber "su futuro". Un lector debe buscar leer el tiempo, o sea, la pluralidad de eventos y espacios que dan como resultado al consultante. Somos una burbuja de la suma de todo lo que somos, lo que hemos vivido, estamos viviendo y viviremos, todo junto en un lugar que podemos llamar "aquí y ahora", y todo afectando a la misma vez.

Runas
para toda la vida
Omar Ayala

Segundo, si bien esto puede ser abrumador ya que es mucha información, para eso es que nuestro oráculo tiene 24 símbolos. Imagine que entra a una tienda a la que le dicen que usted tiene total acceso a todos los artículos a la misma vez. Sería imposible cargarlos todos y categorizarlos de manera efectiva y útil. Ahora, si usamos un cesto es muy posible no abrumarnos. Tomaremos lo que se requiere y le daremos una forma útil para el propósito que estamos buscando. Nuestro oráculo, las runas, tiene una dimensión finita: 24 símbolos. Por lo que cada vez que hagamos una tirada (entrar a la tienda a buscar productos), la cantidad de información que sacamos es limitada (la cantidad de productos en la cesta es limitada).

En mi experiencia la runa en blanco me ha servido

Runas

para toda la vida

Omar Ayala

como puntero en el tiempo. Quiero decir con esto que su energía me apunta a la información que estoy buscando y me indica si está a mi acceso o no y por qué. Por ejemplo, en ocasiones estoy buscando toda la información posible con un consultante acerca de una situación particular. Estaré haciendo tiradas y anotando hasta que la runa en blanco salga. Esta vino a mostrar el límite. Otro ejemplo es cuando se trata de buscar información de algo que no se ha decidido. Algo que aún no se ha fijado en el tiempo no tiene sucesión ni sentido investigar. Pasa mucho que los consultantes vienen con sus ideas "concretas" pero el oráculo las presenta débiles energéticamente y hasta no existentes.

En fin, si el oráculo que estoy usando contiene la runa en blanco la pongo a funcionar. Quizás no lo hago

Runas

para toda la vida

Omar Ayala

como otras personas, pero eso es lo que pasa con la modernización del oráculo. No somos de la era nórdica, ni somos vikingos. Las cosas han cambiado y es requerido que cambien y se adapten. Nadie que diga que hace lecturas "clásicas", o sea, sin la runa en blanco, en realidad hace tal. Una lectura tal cual la hacían los nórdicos es un ritual complejo. He leído literatura vasta acerca y créame, lo que hacemos hoy día es una ínfima parte de lo que en realidad se hacía. Aun así, es una parte que en realidad se enriquece cuando tratamos de traer el oráculo a este tiempo y espacio, no cuando tratamos de imitarlos a ellos. Mi punto final es que, como he venido diciendo, para mí una lectura es una terapia con el lector. Mientras más yo pueda enriquecer mi terapia mejor es mi servicio. Yo siempre quiero que mi servicio sea de altura. El suyo

Runas

para toda la vida

Omar Ayala

también debe serlo.

Runas

para toda la vida

Omar Ayala

Tiradas

La palabra "tirar" ('cast', en inglés) usada para leer las runas probablemente proviene en efecto de lanzarlas. Las runas eran utilizadas para todo y las tiradas registradas en documentos antiguos siempre hacen referencia a un movimiento activo al leerlas o dejarlas caer. Hoy día podemos hacer lo mismo, pero ya hemos evolucionado a algo más directo y relajado. No importa cuántas runas se vayan a utilizar, estas se deben sacar de la funda una a una y deben igualmente acomodarse en el orden especifico. La funda se debe mover activamente previa a cada indagación. Si las runas no están en una funda se debe buscar la manera de entremezclarlas sin que sus símbolos

Runas
para toda la vida
Omar Ayala

se vean, de manera que no haya ningún tipo de sugestión. Si le está leyendo a un conocedor de este oráculo puede tapar las runas de manera que no se vean. No necesariamente el consultante tiene que tocar o mezclar las runas. Ya él/ella está aportando la energía que la consulta requiere. Si siente que falta energía busque como bajar tensiones y procure que su consultante respire, se relaje y se concentre. Las tiradas siempre hágalas hacia usted y en su campo visual, o sea, si está invertida es porque está invertida para usted no para su consultante (para el cual estaría derecha desde su punto de vista). Esto son reglas generales para un lector hábil y rápido y de ninguna manera representan algo puesto en piedra. Son mejores prácticas que adquirí a través de mi carrera.

Runas

para toda la vida
Omar Ayala

1 runa

Esta tirada consiste en mencionar la consulta o la intensión de la lectura y retirar sólo 1 runa para la interpretación. Usualmente la consulta es simple o viene en la forma de una idea. Si no se pretende realizar indagaciones de detalles, esta tirada es ideal. Se interpreta siempre el significado regular de la runa a menos que la consulta guíe a interpretar el significado inverso. Por ejemplo, '¿qué me entorpece el camino para realizar X cosa?' sería un estilo de pregunta que llevaría al lector a interpretar la definición inversa de la runa. Lo más importante aquí es cómo se formula la pregunta, de manera que se pueda responder con una runa.

Runas
para toda la vida
Omar Ayala

3 runas

En la tirada de tres runas se amplía el campo de detalles de la tirada de una runa. Luego de declarada la consulta o intensión de la lectura, se sacan una a una tres runas y se colocan de izquierda a derecha. Las tres están supuestas a interpretarse en relación a la consulta de la siguiente manera: (runa 1) el pasado, la situación tal como se dio hasta ahora, (runa 2) el presente, acción a realizar, (runa 3) el futuro, el resultado. La tercera runa es el efecto de la segunda y la segunda el efecto de la primera. Cada literatura presenta diferentes maneras de leer. Por ejemplo, hay quien presenta lecturas de derecha a izquierda solamente. Es responsabilidad del lector

Runas

para toda la vida

Omar Ayala

entrenarse como desea leer. No existe diferencia en el resultado si se escoge hacer en una dirección diferente. La runa persigue a la posición que el lector le otorgue. Sólo asegúrese de honrar ese espacio según lo designó. Eso sí es lo importante. Yo aprendí a leer de derecha a izquierda. Para cuando llegué a la universidad, cuando el volumen de las lecturas que realizaba aumentó, me di cuenta que innatamente comencé a leer de izquierda a derecha. Al día de hoy aun me mantengo leyendo de izquierda a derecha.

Runas
para toda la vida
Omar Ayala

6 runas (cruz)

Una tirada mediana, con espacio para detalles. Consiste en declarar la intensión o consulta, seguido de sacar tres runas una a una puesta de izquierda a derecha. La runa del centro se debe colocar más abajo. Estas representan el pasado(1), el presente(2) y el futuro(3) del consultante o la consulta. Las siguientes tres runas se sacan una a una y se coloca una debajo de la runa del centro; otra sobre la runa del centro y otra sobre esta última. Estas representan el problema o situación de lo consultado(4), y dos runas para ofrecer información adicional al consultante o de la consulta(5,6). Esta tirada sirve de base para realizar otras consultas y tiradas y se puede repetir varias veces para diferentes indagaciones. La maestría de tiradas como esta son las que dan al lector

Runas

para toda la vida

Omar Ayala

suficiente práctica para tomar tiradas más complejas.

Runas

para toda la vida

Omar Ayala

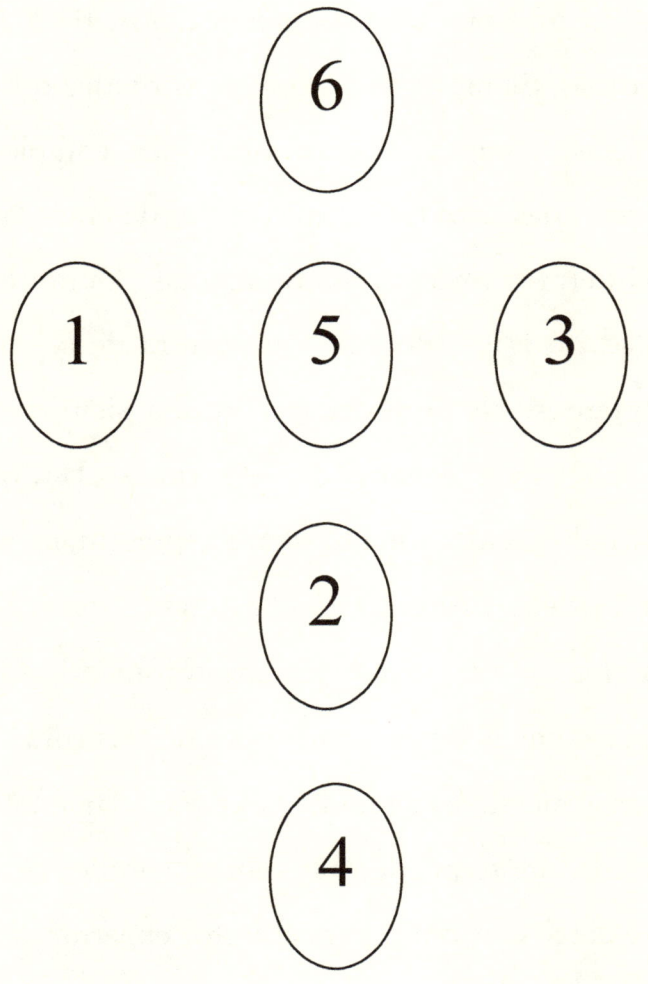

Runas

para toda la vida

Omar Ayala

En mi opinión no se deben hacer tiradas con más de 8 runas. Siempre he visto que las tiradas ofrecen ideas completas, como si fueran oraciones completas. Tirar muchas runas hace que la idea se pierda entre las palabras y la interpretación sea muy general. Durante años en realidad he trabajado con esta lectura de seis runas que presentamos. No importa la consulta siempre comienzo con una tirada general de seis runas. Hay que darle espacio al oráculo a manifestarse y presentarse como este desea (o debe). Aunque el consultante tenga su lista de cosas que quiere investigar, mi recomendación es que siempre comience con una lectura de seis runas en cruz a manera general. Esta tirada es extremadamente versátil y prácticamente se puede tirar sobre cualquier circunstancia que se desee consultar. Para el lector experto, esta tirada le

Runas

para toda la vida
Omar Ayala

da todos los temas que se deben cubrir en una hora de lectura.

Otra cosa muy importante que el lector debe saber es que puede recoger las runas en la funda cuantas veces tenga que hacerlo. Este debe construir ideas completas poco a poco utilizando cada tirada. En los talleres básicos esta pregunta siempre surge ya que de alguna manera existe el precepto de que la tirada que se hace se debe dejar en mesa. En realidad, yo hago tantas tiradas que tengo que usar una libreta para anotar, y voy quitando y poniendo runas según lo requiero. Desde que la mano está en la funda el lector debe recoger la runa de manera que la ponga correctamente en la mesa ya sea derecha o invertida. Es inaceptable recoger runas de la funda y ponerlas de lado porque "no sabría cómo ponerla".

Runas

para toda la vida

Omar Ayala

Consiga oráculos con formas que le permitan a usted saber al tacto la forma de la runa y cómo debe ponerla.

Trata de anotar lo que vas haciendo y lo que vas investigando y dialogando con el consultante. Trate de llevar en su mente la menor cantidad posible de cosas pendientes ya que su mente debe estar libre para manifestar la lectura, usar sus dones y dejarse guiar. Maximice el tiempo. Diga sí o no cuando deba hacerlo. Recuérdele a su consultante que usted está haciendo el papel de lector y que es un facilitador solamente. Haga preguntas. De ninguna manera promuevo una lectura donde el consultante es un espectador, no participa y no dice nada. Un lector debe buscar que su consultante contribuya a la lectura. Por tal razón, en la mayoría de las ocasiones comienzo preguntando "¿cómo puedo

Runas

para toda la vida

Omar Ayala

ayudarle?"

Runas

para toda la vida

Omar Ayala

Tirada Libre

La tirada libre es para expertos solamente. Por expertos me refiero a personas que llevan tiempo leyendo y la estructura de su práctica fluye rápido, sin pensarlo, y que conocen muy bien la energía del oráculo. Esta tirada carece de parámetros fijos, o sea, que las runas que se sacan no tienen un significado de acuerdo al lugar o posición en que salen o en que se ponen. Solamente tiene valor la posición derecha o inversa de la runa y se sacan cuantas runas sean necesarias para completar una idea una detrás de la otra. En mis lecturas, por lo general, una tirada libre consiste de dos a ocho runas. No tengo claro cuándo comencé a realizar tiradas libres. Sí estoy seguro

Runas

para toda la vida

Omar Ayala

que fue cuando comencé a realizar tiradas adicionales para buscar mayor detalle de las consultas. Para evitar afectar la energía de una runa a otra y para mejor visualizarlo, lo ideal es poner una runa más abajo que otra, así:

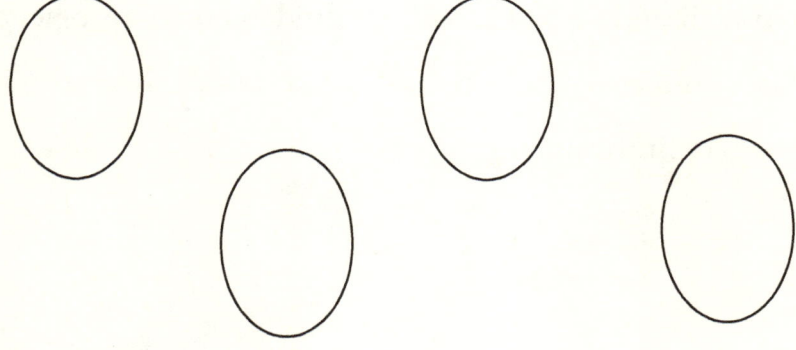

Igualmente puede realizar cuantas tiradas libres desee, pero una tirada libre no puede comenzar una indagación. Una indagación particular se debe hacer con una tirada de estructura tradicional como la de tres o seis runas. Sobre los temas que estas presentan entonces se

Runas

para toda la vida

Omar Ayala

pueden realizar tiradas libres. Como verá esto requiere un manejo bastante avanzado del oráculo y requiere rapidez en las manos cuanto menos, pero no es imposible y debe ser la meta de cada lector en potencia. Cuando se vea usted realizando una tirada libre fluidamente y recogiendo ideas completas sin esfuerzo usted puede llamarse un experto definitivamente.

Runas

para toda la vida

Omar Ayala

Haciendo Más

A través de mi carrera siempre desarrollé destrezas para hacer más. Proveer información solamente no es una opción. Sentía que el servicio no estaba completo y, en efecto, la persona volvía al tiempo a recibir una lectura que hablaba prácticamente de lo mismo. Esto es inefectivo y yo dudo mucho que el Universo quiera que esto sea un comportamiento repetitivo y sin sentido. El propósito es crear planes de trabajo. Esto son retos y metas que se pueden enumerar como pasos y se logra crear con información que se obtiene de la lectura. Aquí es donde entra la sabiduría que describimos anteriormente y la lista de profesionales multidisciplinarios. Una vez comencé a

Runas
para toda la vida
Omar Ayala

trabajar desde este nuevo enfoque logré maximizar mi labor, veía menos personas retornando sin cambios y más personas retornando renovadas, en otras etapas de la vida. Esto sí estoy seguro que es el propósito del Universo; es lo que promuevo y enseño.

Esta manera de trabajar es excesivamente enriquecedora también para el lector. Señores, debe ser la manera en que opera todo ser humano el siempre estar reeducándose; siempre estar buscando más y aplicar cuando se requiera. Ahora, requiere mucha evolución y madurez ser así. Requiere una libertad innata y una cortesía con cada sabiduría que encuentra. Todo hay que procesarlo y categorizarlo, cuestionarlo y estudiarlo. Aceptar lo que te corresponde y verlo todo con amor; verlo todo como etapas y ver otros seres humanos en el

Runas
para toda la vida
Omar Ayala

proceso.

Con el tiempo enriquecí mis lecturas con la utilización de cuarzos, agua, incienso, telas. Soy profesional en Reiki Jin Kei Do y practicante de Buddho Enersense. Comencé a leer libros de psicología, de todo tipo de trabajo energético, de religiones, de medicina natural y alopática, en fin, no quería que algún consultante me hablara de algo de lo cual yo no supiera nada. Pienso que si se le permitió a esa persona consultarse conmigo es por un propósito y yo tengo que hacer lo mejor. Asimismo no es bueno hablarle igual a todo el mundo. Las personas entienden las cosas de acuerdo a como han creado su entorno y como llevan su evolución. Nosotros, como lectores tenemos que hablarles en su idioma, o sea, de la manera en que ellos entienden

Runas

para toda la vida
Omar Ayala

las cosas. Esto es reconocer el escalón en donde se encuentra cada cual.

Un lector siempre debe hacer el máximo y más. Siempre debe inspirar a su consultante, sin importar el resultado de la lectura. Siempre debe saber lo que hace y proyectarlo igual. No tolero la idea de una lectura sobria y malhumorada, en donde el consultante sale peor de como entró. Esto para mí no tiene sentido. Sin importar la consulta el resultado debe ser positivo para el consultante y este siempre debe salir motivado a realizarlo. Siempre debe haber un plan de trabajo para mejorar, aunque sea referirlo a un profesional que pueda trabajar con él/ella. Como ven, cada vez estamos más lejos de un mero lector, y más cerca de un visionario con múltiples disciplinas al servicio de buscar un bien perfecto.

Runas
para toda la vida
Omar Ayala

Mucho, Mucho Más

A través de todas mis investigaciones y aprendizajes para enriquecer mis lecturas ocasionalmente encuentro cosas que definitivamente continúo practicando. Esto se debe a que tienen un alto grado de utilización y un beneficio sin precedentes para todas las áreas de la vida. Cuando esto ocurre, me convierto en un profeta de la herramienta, la estudio, la difundo y la recomiendo mucho más. Hacía algún tiempo estaba buscando alternativas dentro de la medicina natural que pudiera recomendar a mis consultantes. Estaba buscando algo con una alta efectividad, con evidencia científica verificable, y que tuviera una utilización en todos los niveles de la

Runas

para toda la vida

Omar Ayala

evolución, es decir, que se pudiera utilizar a través de todas las facetas de la vida. En especial me encontraba con consultas en donde las personas estaban buscando mejorar su salud fuera de los métodos tradicionales. Con el tiempo me topé con los aceites esenciales de Young Living.

Young Living es una corporación estadounidense con presencia en el mercado hace más de diez años y se especializa en crear aceites esenciales de grado terapéutico 100% puros. Para abundar un poco más, el aceite esencial es el insumo concentrado de una planta, o sea, es una sustancia que podemos obtener con el mayor grado de las propiedades de esa planta, como si fuera su sangre. Obtener el aceite no es una tarea fácil, requiere estudio, ciencia y dedicación. No he encontrado otra compañía que su meta sea producir el aceite con mayor pureza y

Runas
para toda la vida
Omar Ayala

calidad. Young Living excede los estándares en todos los sentidos.

Los aceites esenciales llevan utilizándose por siglos. De hecho, el ser humano siempre ha dependido de las propiedades de las plantas para mejorar y complementar su calidad de vida, incluyendo su espiritualidad. A través de la historia hay evidencia antropológica de su utilización. Esto es una prueba más de que el ser humano es parte de su entorno, ya que no puede subsistir sin él. Las runas también pueden estar hechas de plantas, lo cual significa una conexión profunda como hemos explicado. El resultado es que la mezcla de aceites esenciales a la práctica de runas tiene un resultado magnífico. Asimismo los he podido recomendar a mis consultantes con resultados impresionantes. Puedo decir que encontré la

Runas

para toda la vida

Omar Ayala

herramienta que buscaba en ellos. Han sido una bendición.

Si bien la utilización de una herramienta es un evento bien personal, quiero invitarte también a que formes parte de esta. Es tiempo de volver a las plantas; volver a la naturaleza y reencontrar nuestra espiritualidad en ella. Estoy seguro que esta es una herramienta muy valiosa y la quiero compartir contigo. Si está en tu caminar que puedas convertirte en un distribuidor independiente de aceites esenciales de Young Living, puedes hacerlo a través de su portal de internet www.youngliving.com. Esta compañía tiene presencia global, es decir, sede y destilerías alrededor del mundo por lo que debes estar muy pendiente si tu país es elegible. Mientras llenas tu solicitud con Young Living debes incluir un número de

Runas

para toda la vida

Omar Ayala

patrocinador. Con gusto seré el tuyo si entras mi número como tu patrocinador: 1396208. Te prometo que es una experiencia que, al igual que las runas, cambiará tu vida.

Las lecturas de runas son un evento espiritual. Este acto, cuando se realiza por las manos correctas, indudablemente viene con un sentido de guía, paz y calma al alma. Tal como siempre digo, "sólo algo positivo debe salir de una lectura". Muchas cosas se pueden utilizar para mejorar la experiencia de una lectura antes, durante y después de una lectura. Si estas realizando o recibiendo una lectura, el mejor ambiente se crea usando aceites esenciales. Una sola gota de algún aceite esencial específico puede mejorar la experiencia espiritual para todos, ayudar en algún aspecto de la lectura, crear una composición de paz general y hasta ayudar en la resolución

Runas
para toda la vida
Omar Ayala

de la información que se presenta para el consultante. A través del tiempo, muchos aceites han sido usados con estos propósitos y, por ahora, esta es la lista que quiero compartir. Una vez más, por su pureza y alto grado de calidad, solamente quiero compartir y promover los aceites esenciales Young Living.

Angelica – Históricamente conocido como el "aceite de los ángeles". Cualidades calmantes y relajantes, incluyendo músculos y nervios.

Cardamom (Cardamomo) – Alivia la tensión mental y la fatiga nerviosa. Tonifica la mente.

Cistus – Se cree que es la rosa de Sarón (bíblico), su olor a miel es perfecto para la meditación y el asesoramiento.

Clove (Clavo) – Sin duda, el uso de este aceite evocará un ambiente natural "gitano" y dulce.

Runas
para toda la vida
Omar Ayala

Frankincense (Incienso) – Se utiliza para visualizar, mejorar la conexión espiritual y centrar. Tiene estudios clínicos por las alteraciones positivas que puede causar a la salud.

Galbanum (Gálbano) – En la antigüedad era utilizado para unción en templos.

Geranium (Geranio) – Liberar recuerdos negativos.

Hyssop (Hisopo) – Considerado el aceite sagrado por los antiguos griegos por sus propiedades purificantes.

Juniper (Enebro) – Los aromas de Pino son muy potentes en las lecturas así como para la purificación y limpieza.

Lavender (Lavanda) – Propiedades para calmar la mente y el cuerpo, es un adaptógeno multiusos.

Myrrh (Mirra) – Un famoso aceite. Reverenciado por su espiritualidad y su capacidad de tranquilizar las emociones.

Palo Santo – Aceite muy potente usado para limpiar las energías negativas y mantener sus influencias de distancia.

Patchouli (Pachuli) – Liberar las emociones negativas.

Pine (Pino) – Aceite vigorizante. Perfecto para crear un ambiente celta o nórdico en una lectura.

Ravintsara (Ravensara) – Comúnmente utilizado para la meditación.

Sage (Salvia) – Al igual que Palo Santo, aceite muy potente usado para limpiar las energías negativas y mantener sus influencias a distancia.

Sandalwood (Sándalo) – Tradicionalmente utilizado en ceremonias religiosas y para la meditación.

Spearmint (Hierbabuena) – Puede ayudar a abrir y liberar los bloqueos emocionales que conducen a una sensación

Runas

para toda la vida

Omar Ayala

de equilibrio y bienestar.

Spikenard (Nardo) – Este aceite no sólo tiene un aroma impresionantemente rico, sino que es la selección adecuada cuando exploramos el ser interno y/o meditamos.

Vetiver – Para restaurar el equilibrio emocional. También se han realizado estudios clínicos con este para restablecer el balance emocional.

Runas
para toda la vida
Omar Ayala

El Futuro

La adivinación no es extraña en este mundo. Es un rito tan antiguo como la raza humana y existe una razón muy poderosa detrás que es importante explorar en esta sección, ya que esta es la razón del pasado, presente y futuro de la humanidad. Existen miles de religiones a través del mundo; literalmente miles. Muchas de ellas tienen comienzos muy interesantes, otras, sencillamente son copias o derivados de filosofías y sucesos originarios de otras. En la inmensa mayoría de ellas existen formas de adivinación, aun cuando en su misma filosofía o doctrina principal se prohíba su utilización. En muchas, ni siquiera usan la palabra adivinación y/o le atribuyen esta capacidad

Runas

para toda la vida

Omar Ayala

a ídolos o figuras específicas, en fin, tratan de esconder la idea de lo que hacen. Pongan el nombre que quieran, adivinación es adivinación, ya sea a través de templos, oráculos, profetas, objetos o mancias. La interrogante entonces no es ¿de dónde sale la adivinación?, sino ¿por qué esta práctica está tan arraigada con el desarrollo de la raza humana y su espiritualidad?

Esta raza humana no es la primera. Si bien lee muchos textos antiguos de estas mismas religiones quizás, encontrará que aunque divergen en detalles, todas coinciden que esta raza humana no es la primera que ha puesto sus pies en este planeta. A lo que se refieren es muy cierto, no es la primera "saga" de humanos caminando en este lugar, pero les aseguro que sí son los que más vacío espiritual experimentan. Es un vacío espiritual que llevan

Runas

para toda la vida

Omar Ayala

muy dentro de ellos; una sensación de que la vida es algo más, un cansancio existencial que los lleva a siempre estar buscando el porqué de las cosas. Esa sensación de no entender nada de su vida y de terminar inventándose las razones o aceptando las que otros ponen sobre ellos, eso es vacío interior, vacío existencial. La humanidad es una raza infante buscando su lugar en la Creación. Esta es la razón para crear tanta religión, y de paso la razón para que exista la adivinación.

Aunque la palabra *adivinación* en español es comúnmente utilizada como para *escoger o inventar un resultado tomando en cuenta algunas premisas*, en realidad no tiene nada que ver con el acto que hemos venido describiendo. Estoy seguro que se ha tergiversado el significado real a través del tiempo. La palabra adivinación

Runas

para toda la vida

Omar Ayala

viene del latín *divinare*, que significa *prever, ser inspirado por un dios*. También se relaciona con *divinus*, que significa *divino*. Como ven, no estamos hablando de otra cosa que de *ver/observar a través de lo divino o con poder divino*. Aquí hacemos el enlace entre el vacío espiritual/existencial y los actos adivinatorios. Como seres sintientes, internamente siempre estaremos buscando sentido a nuestra existencia. La idea del mundo divino corre por nuestra psiquis inevitablemente. Alguien o algo tienen que saber algo más de nuestro camino, de nuestro sufrimiento o alegrías y de lo que sentimos. Aspiramos a que el mundo divino tenga esas respuestas y nos entienda.

El ser humano es divino en esencia. Es nuestro vehículo para adquirir las experiencias que hemos venido a recoger en este plano. Somos seres divinos viviendo una

Runas

para toda la vida

Omar Ayala

experiencia humana. Este vacío espiritual es una farsa entonces. Es una historia temporal que pretende traer retos para desencadenar nuestra propia evolución y redescubrimiento. Es por eso que la adivinación es tan importante en nuestro pasado, presente y futuro. Siempre hemos querido reconectarnos con nuestra esencia divina, porque sabemos que pertenecemos y venimos de ella. Queremos ver a través de sus ojos las circunstancias que hemos venido a experimentar, para encontrar propósito en ellas; para encontrar nuestra evolución y sentir que nuestro tiempo vale la pena. A menudo tengo que explicar este hecho acerca de la humanidad. Demasiadas personas creen que deben acudir a una consulta para obtener los números que saldrán en la lotería. En realidad acudimos u ofrecemos una lectura porque estamos conectándonos con

Runas

para toda la vida

Omar Ayala

nuestro camino, con nuestra esencia divina; estamos buscando esa guía.

El futuro de la raza humana está hoy en los actos de su presente. Ya sabemos que venimos de un profundo vacío que pretende ocultar quienes en realidad somos, pero al dirigirnos a las raíces de nuestros caminos existenciales, comenzamos a destruir los cimientos de esta oscuridad. En nuestro presente eso es lo que nos toca. Nos toca *ver a través de lo divino* nuestras vidas, y ponerlas en orden. Mucho se ha hablado del gran despertar de la raza humana, aunque en ocasiones se falla en su explicación. Este gran despertar es nuestro presente. De hecho, es la única alternativa que tenemos. Si tuviera de frente a la raza humana en un lectura de runas esto es lo que le diría con toda honestidad.

Runas
para toda la vida
Omar Ayala

No se avergüence o tenga miedo de leer runas o manifestar sus dones. Pero hágalo para un bien perfecto; para inspirar, para guiar. Llevamos adivinando desde mucho antes que pisáramos este lugar que llamamos Tierra. Lo creemos más de lo que nos creemos a nosotros mismos. Este es nuestro sentido divino perdido y a este la atribuimos una fortaleza extraordinaria, mayor a la nuestra. Siempre hemos sabido que hay mayores propósitos a nuestras circunstancias de vida y eso es totalmente cierto. Sólo debemos ser valientes y atrevernos a verlo.

Runas
para toda la vida
Omar Ayala

Gran Despertar

Llegó el momento del gran despertar, pues, ha dormido demasiado la raza humana. Ha aceptado como suyas historias falsas, y ha entregado su poder al punto de esclavizarse. Ha creado una cárcel dentro de la que se encerró a sí misma. Una cárcel en donde se manifestó la destrucción en la Creación. Mas este tiempo se ha acabado, llegó la hora de despertar. Despertar a la realidad de lo que eres, y despertar a la realidad del porqué de las cosas. El gigantesco reloj cósmico está marcando un nuevo tiempo. Ya es hora.

A través de mi carrera he visto cómo a través del tiempo la lecturas que realizo se han tornado más serias. A

Runas

para toda la vida

Omar Ayala

principio la gente buscaba información de cosas mundanas. En tiempos recientes, digamos, cerca del 2010 en adelante, este tono de lecturas cambió significativamente. De repente volvieron a encontrarme personas que tienen un genuino interés en su vida y en sus situaciones personales. Ya no es cuestión de banalidades. Para mí esto es un alivio ya que puedo dedicarme tranquilamente a manifestar mi don en las lecturas, y también es prueba de este despertar de la raza humana.

Ya no es cuestión de soportar las situaciones de vida o sobrevivir a través de ellas. Ahora en realidad queremos saber por qué, y queremos comenzar a corregir y adquirir nuestros aprendizajes de los procesos. Ya las masas están empezando a entender que lo que experimentan tiene un nexo muy arraigado con sus caminos personales y

Runas
para toda la vida
Omar Ayala

colectivos y que esta es la clave para el cambio. De esto se trata el despertar. Se trata de desaprender y volver a aprender; de aceptar y dejar ir. Se trata de retomar el planeta Tierra y restaurarlo; de compartirlo con los demás. Estamos en el momento cúspide de comenzar a manifestar nuestra divinidad. Restaurar nuestros caminos; brillar y dejar que nuestra luz y amor nos guíe.

Según la mitología nórdica, sobre la cual las runas son parte, la Creación se destruye en una gran batalla, para luego resurgir. Esa gran batalla es ahora. Estamos recobrando nuestra paz, nuestra libertad, nuestro propósito de estar aquí. Aunque reconocemos que parte de nuestra experiencia terrenal conlleva manejar una serie de cosas en la vida, en realidad no somos eso solamente. No somos sufrimiento y esfuerzo. No somos aquel que

Runas
para toda la vida
Omar Ayala

sólo trabaja para vivir, o que por el contrario no hace nada porque todo le sobra. No somos desesperanza o indiferencia. No somos niños perdidos en la oscura inmensidad del Universo; no somos ignorancia. Somos la generación que cambiará este mundo. Somos la generación que trae de vuelta el amor. Somos la luz del mundo.

Es a través de este movimiento que tenemos un futuro que disfrutar e investigar. Es totalmente insostenible para el aprendizaje y la calidad de vida que las cosas continúen como están. Por eso hago hincapié en que este mundo ha de cambiar. Se confunde a menudo el sentir un llamado espiritual o desarrollar la espiritualidad, con este gran despertar de la consciencia. Son cosas ligeramente diferentes aunque una lleva a la otra. Llenar

Runas
para toda la vida
Omar Ayala

ese vacío espiritual que cargamos como raza te pone en el perfecto momento para tu despertar. Es que después que esa espiritualidad está fluyendo en ti, ya no quieres vivir en un mundo falso. Eso es exactamente en lo que se ha convertido el planeta Tierra, un mundo falso. Circunstancias sin sentido, llevadas a cabo por mentes ignorantes; inconsciencia por doquier en tareas y tareas que no guardan relación con nuestra verdadera esencia y que al contrario, hunden nuestra evolución. El gran despertar destruye la ignorancia en ti y te hace utilizar tu vista por primera vez.

Aunque la oposición continúa ejerciendo presión, nos movemos a pasos agigantados a nuestra mejor calidad de vida. A levantarnos cada día con propósito, invirtiendo nuestra energía y tiempo en cosas que aportan

Runas

para toda la vida

Omar Ayala

grandemente a nuestra evolución. A poder consumir comida y agua pura no-adulterada, y que ésta quede al alcance de todos. A recibir y manejar la información del mundo sin que ésta sea controlada. A que se reforme el sistema científico del mundo y comience a trabajar a favor de la raza humana; a favor del bienestar y la salud de todos, y no a favor de un bloque materialista. A que estemos sanos, en todos los niveles en que esta sanidad exista. A que nuestro planeta se restaure en todos los niveles incluyendo el más importante: su ecosistema.

Hay gente tan dormida que incluso piensa que un mundo mejor no es posible. No toma más que el mismo despertar de la consciencia para querer vivir en ese mundo mejor, y trabajar por él cada día. Es la única alternativa a un mundo que trabaje para nuestra evolución y no para

Runas

para toda la vida

Omar Ayala

nuestra esclavitud. Tan es así que conozco personas que continúan manifestando vacío espiritual, pero que tienen un despertar en progreso hermoso y poderoso. Estoy seguro que su despertar eventualmente también los llevará a encontrarse con su espiritualidad. Estamos juntos es esto. Individualmente no lo lograremos. Por tal razón la oposición se ha encargado de desconectarnos de todo y de todos a través de tanto tiempo. Mientras estamos separados y peleando nuestro poder se disipa. Pero tampoco somos una masa amorfa sin futuro. Somos divinidad; somos luz.

Estar vivo en un planeta como este no debe ser trabajoso ni doloroso. Aquí nadie debería sentirse sólo; no debería ser un esfuerzo agotador. Se supone, delante de los ojos de Universo, que venimos a este lugar a manifestar

Runas

para toda la vida

Omar Ayala

nuestra divinidad aquí. Eso es lo que estamos empezando a hacer y lo que haremos, pues es lo que somos: puro amor. Todas las herramientas para la harmonía en nuestro mundo ya existen hace muchos años. Herramientas que van desde formas renovables y limpias de energía, ciencia aplicada al bienestar de la raza humana, incluyendo su salud, agricultura consciente y armoniosa con el medio ambiente, proveyendo alimentación real a todos por igual, en fin, tenemos de frente la oportunidad de crear la verdadera ciudadanía humana, en donde nuestros requisitos de vida se cumplen y podemos realizarnos como seres vivos. Esto, señores, es un proceso natural y ocurrirá aunque no estés preparado. Si quieres sacar el mejor partido a tu evolución: despierta y prepárate.

Esta es la razón por la que hemos estado

Runas

para toda la vida

Omar Ayala

consultando a lo divino desde siempre. Este es el futuro que queremos para nosotros. Queremos estar felices, protegidos, y que los nuestros también lo estén. Al final, todos queremos ver nuestros sueños cumplirse; sueños con profundo sentido que en realidad valgan cumplir. Ahora, con el despertar viene un cambio de enfoque. Los sueños ahora son colectivos. Vamos de pensar en lo que quiero para mi felicidad para pensar en cómo alcanzamos la felicidad de todos. El bienestar común está en el objetivo claro. Sé que existe una oposición a esta verdad actualmente con gran parte del poder. Esto también es parte del proceso. No es algo para temer, es algo para trabajar. Estas son las personas que abandonan sus cargos, pues se acabó su era, un tiempo de control y sufrimiento inmensurable. No somos impotentes ante ellos, somos

Runas

para toda la vida

Omar Ayala

nosotros quienes tenemos el poder. No puede vencer la luz sobre la oscuridad, y en este momento menos. Despierta. Llegó el momento de cambiar este lugar y convertirlo en uno mejor. Llegó la hora en donde no existe más miedo, sino solamente amor. Al pie de la Era Dorada nos encontramos y juntos daremos ese paso.

Runas

para toda la vida

Omar Ayala

Runas para toda la Vida

Si les digo "adiós" les miento. No es mi intensión despedirme de nadie, es al revés, ahora es que estoy llegando. Este libro es mi saludo a ustedes, un pedazo de lo que ha pasado a manera de introducción, y es sólo el comienzo. Para continuar creciendo no puedo permanecer escondido. Siempre he tenido mucho que dar, y voy a darlo. Los dones no son personales, son para el prójimo. El tiempo que llevo desarrollando los míos, es mi preparación para trabajar con ustedes.

Lo que me espera es servir, enseñar y aprender. Sigo siendo un estudiante de las runas, de su magia, de su guía, ahora también quiero ser su voz más que nunca. Tengo

Runas

para toda la vida

Omar Ayala

tantas cosas que contar de todo lo que he vivido, y por eso con alegría puedo decir que es muy tarde para mí. Mi caso ya será runas para toda la vida. Estoy atado a ellas, y para mí es un honor. Serán parte de mi introducción siempre y con ellas di los primeros pasos para atender otras áreas de mi evolución personal. Sin evolución no hay ganancia. Adivinar y recibir adivinación nos acerca a eso mismo, a buscar las raíces de nuestra existencia y trabajar con ellas. Cada uno viene de un pasado variado y abundante. Allí nace la naturaleza de nuestro aprendizaje.

Los invito a encontrar y caminar su propia historia, si gustan, yo puedo acompañarlos. Sé que físicamente puede ser imposible, por lo que en este momento mientras lees, te envío la bendición, luz y guía de las runas. Que se encienda la divinidad en ti, la visión, y la

Runas

para toda la vida

Omar Ayala

capacidad espiritual. Envío toda la información de la Creación, y de lo creado a tu camino, para que ilumine tu vida y satisfaga toda duda y desinformación en ella. Nos veremos muy pronto. Bendiciones.

###

Runas

para toda la vida

Omar Ayala

Contactos

Si desea formar parte de una comunidad creciente en el manejo de las runas modernas, desea más información acerca de los acetites esenciales Young Living, o sencillamente quieres ponerte en contacto con el autor para mantenerte al día con su trabajo, puedes hacerlo a través de:

http://www.facebook.com/runesofodin

omar.runas@gmail.com

El autor está disponible para talleres o conferencias en todo tema que se expone en este libro.

www.ingramcontent.com/pod-product-compliance
Lightning Source LLC
Chambersburg PA
CBHW031945080426
42735CB00007B/274